啄木鸟
生活与法律指引

物权保护、不动产登记纠纷 101 问

刘祎 著

華中科技大學出版社
http://www.hustp.com
中国 · 武汉

图书在版编目（CIP）数据

物权保护、不动产登记纠纷101问 / 刘祎著. -- 武汉：华中科技大学出版社，2021.9

（啄木鸟生活与法律指引书系）

ISBN 978-7-5680-7545-9

Ⅰ. ①物…　Ⅱ. ①刘…　Ⅲ. ①物权法－中国－问题解答 ②不动产－产权登记－中国－问题解答　Ⅳ. ①D923.24 ②D923.25

中国版本图书馆CIP数据核字（2021）第185872号

物权保护、不动产登记纠纷101问
Wuquan Baohu Budongchan Dengji Jiufen 101 Wen

刘祎　著

策划编辑： 郭善珊
责任编辑： 张　从
封面设计： 张　靖
责任监印： 朱　玢
出版发行： 华中科技大学出版社（中国·武汉）　电话：（027）81321913
武汉市东湖新技术开发区华工科技园　邮编：430223
录　　排： 北京欣怡文化有限公司
印　　刷： 武汉旭辉印务有限公司
开　　本： 880mm×1230mm　1/32
印　　张： 7
字　　数： 161千字
版　　次： 2021年9月第1版第1次印刷
定　　价： 43.00元

华中出版

本书若有印装质量问题，请向出版社营销中心调换
全国免费服务热线：400-6679-118，竭诚为您服务

前　言

物权是民事主体依法享有的重要财产权，以财产权为调整对象的物权保护相关法律法规关乎我们每位公民切身利益。不动产登记作为物权保护中举足轻重的一部分，其逐步完善的法律法规体系，不仅对保障交易安全、维护权利人合法权益具有重要作用，也为建立健全社会诚信体系、国家自然资源资产管理体制创造条件和基础支撑。

我国新颁布实施的《中华人民共和国·物权篇》共5个分编、20章、258条，涉及内容广泛。在多年的法律实践与探索过程中笔者发现，理解运用法律知识最好的方式是查找与自己情况类似的问题或案例。为此，本书以提问式与法条对照相结合的体例，展开对物权一般、基础原理的介绍。在此基础上，甄选全国法院生效判决以及笔者日常办理案件中相对集中、典型的物权保护与不动产登记相关纠纷，将看似晦涩的法条以相对浅显、通俗的方式呈现在读者面前。

有问有答，快速释疑；以案说法，通俗易懂。看似简单的体例和内容，是笔者多年法律实践的总结、梳理和提炼，其中还侧重为近年来出现的新问题提供实务操作之方法，如存在值得商榷之处，恳请各位读者多多批评指正。

物权保护理论博大精深。司法实践中，其涉及的问题也纷繁复杂，短短篇章无法涵盖所有的理论和各类现实纠纷问题。愿此书能在读者遇到物权保护及不动产登记的困惑时尽绵薄之力，也愿读者在翻阅本书时能真切地感受到法律的内涵，汲取法律的智慧。

目 录

第一编 物权保护、不动产登记纠纷 101 问

第二编　最高人民法院指导案例参考

第三编　相关法律法规索引

第一编　物权保护、不动产登记纠纷 101 问

第一章　物权法的基本常识

第一节　物、物权与物权法

1 什么是主物和从物?

根据《中华人民共和国民法典》(以下简称《民法典》)第三百二十条的规定，主物转让的，从物随主物转让，但当事人另有约定的除外。我国当前适用的法律、法规并未对主物和从物的概念进行明确的界定，学界一般认为从物并非主物的组成部分，主物与从物指的是同属一人所有，结合起来才能发挥经济效益的两个独立存在的物。其中，主物是指具有主要效用的物，从物是指处于附属地位起辅助和配合作用的物。

主物、从物之分是以物的功能能否独立发挥为标准的，凡能够独立发挥作用的物，是主物；凡不能独立发挥作用，只能配合、辅助他物发挥作用的物，是从物。比如房锁与房屋的关系，房屋是主物，房锁是从物，如果没有房屋，房锁难以发挥作用。

2 动产与不动产在法律规定上有什么不同?

《民法典》第一百一十五条规定，物包括不动产和动产。法律规定权利作为物权客体的，依照其规定。常见的不动产一般包括土地（耕地、建筑用地、林地、草原、水面、荒山、荒地、滩涂等）、建筑物及构筑物、林木、与不动产尚未分离的出产物（如农作物)。而动产与不动产在法律规定上的大致不同体现在以下几个方面:

（1）所有权的转移方式不同。动产所有权转移需要交付之后才能够生效，而不动产所有权转移需要登记之后才能生效。例如，去农贸市场买菜、在网络上购物、在家具商城选购，交付货款提取货物之后，货物的所有权就转移了。但如果是买卖房屋，就必须办理过户登记手续，才能完成所有权的转移。

（2）设定担保物权或用益物权的种类不同。一般而言，在动产上可以设定质权，在不动产上设定抵押权。留置权只能够在动产上进行设定，不能在不动产上设定。

（3）起诉时法院管辖有所不同。凡是涉及不动产的法律纠纷，在法律上有特殊的规定，只能是由不动产所在地的人民法院管辖。

3 何为天然孳息和法定孳息?

孳息是指原物所生的物或收益，分为天然孳息与法定孳息，二者概念不同，所有权划分原则也不同。天然孳息，指的是物依靠自然规则产生的收益，例如，果树上结的果子、母牛生的小牛等。法定孳息，指的是物依靠法律关系而产生的收益，例如，商铺出租产生的租金、银行的存款利息等。此外，根据《民法典》第三百二十一条规定，天然孳息，由所有权人取得；既有所有权人又有用益物权人的，由用益物权人取得。当事人另有约定的，按照约定。法定孳息，当事人有约定的，按照约定取得；没有约定或者约定不明确的，按照交易习惯取得。

4 当事人是否可以约定法律没有规定的物权类型？

《民法典》第一百一十六条。由此可知，我国实行严格的物权法定原则，物权的种类和物权内容由法律直接规定，不得由当事人自由创设或确定，也不得通过约定改变物权的内容。例如，《民法典》规定的物权包括所有权、用益物权和担保物权。其中还明确了用益物权包括土地承包经营权，建设用地使用权，宅基地使用权和地役权以及海域使用权，依法取得的探矿权、采矿权、取水权和使用水域滩涂从事养殖、捕捞等权利。

【案例 1-1】哪些物权属于国家所有？

某县多湖泊，A 村位于该县某大湖附近，村民有在该大湖周围名为“四万亩”的小湖范围内部分区域捕捞的习惯，20 世纪 50 年代，政府部门曾为该村颁发堑湖许可证，有效期为 1956 年 8 月至 1959 年 6 月。后来县政府对大湖进行围垦，“四万亩”小湖在围垦后成为大湖的一部分。1992 年 12 月 14 日，县政府颁布关于大湖的统一管理公告，规定大湖自 1993 年 1 月 1 日起由县政府接管，在大湖捕捞养殖的，需办理相关养殖和捕捞证。

县政府有关部门拟从大湖水域划出 2000 亩左右水面分包给 A 村拦网养殖并收取承包费用，遭到 A 村村民集体一致反对。村民认为 A 村集体实际使用“四万亩”小湖，对其享有合法权益，县政府将“四万亩”

小湖收归管理并要求村民支付承包费用的行为属于侵权行为。

➡ **律师指引**　根据《民法典》第二百四十二条的规定，法律规定专属于国家所有的不动产和动产，任何组织或者个人不能取得所有权。城市的土地、矿藏、水流、海域和森林、山岭、草原、荒地、滩涂等自然资源，《民法典》第二百四十六至二百五十九条规定的其他动产及不动产的所有权属于国家，任何单位和个人不得据为己有。

上述案例中，名为“四万亩”的小湖泊无论是在围垦前还是围垦后都是“湖泊”，虽然 A 村村民在“四万亩”小湖范围内进行养殖捕捞活动由来已久，但并不代表 A 村村民对于“四万亩”小湖享有所有权或者用益物权。该小湖属于国家所有，村民未经许可继续进行养殖捕捞属于侵害国家所有权，若要在湖泊内从事捕捞养殖等农业活动，应当取得政府同意并支付相应承包费。

《民法典》规定属于国家及集体所有财产主要类型对照表如下：

<table>
<tr><th colspan="2">所有权归属主体</th></tr>
<tr><th>国家</th><th>集体</th></tr>
<tr><td>矿藏、水流、海域</td><td rowspan="3">法律规定属于集体所有的土地和森林、山岭、草原、荒地、滩涂等自然资源</td></tr>
<tr><td>城市的土地及法律规定属于国家所有的农村和城市郊区的土地</td></tr>
<tr><td>除法律规定属于集体之外的森林、山岭、草原、荒地、滩涂等自然资源</td></tr>
<tr><td>法律规定属于国家所有的铁路、公路等基础设施</td><td>集体所有的建筑物、生产设施、农田水利、教育、科学、文化、卫生、体育等设施</td></tr>
</table>

所有权归属主体	
无线电频谱资源	集体所有的其他不动产和动产
国防资产	
法律规定属于国家所有的野生动植物资源	
法律规定属于国家所有的文物	

【案例 1–2】国家是否有权对公民或集体的财产征收征用？

曾某是 A 市甲村村民。A 市因水上运动中心项目建设需要，须征用甲村部分集体土地，曾某的承包地在该建设项目用地范围内。

2012 年 7 月，A 市生态旅游局就水上运动中心建设项目经向政府部门上报后取得立项批准。立项后，当地镇政府、村委会发布通告："省重点项目水上运动中心及其配套停车场土地征用政策处理工作从即日起全面启动，希望村民全力配合做好土地丈量、苗木评估及搬迁、领款工作。"2013 年 9 月，镇政府又作出两次通告，要求村民尽快清理水上运动中心项目涉及地块树苗，并明确政府将在当月 20 日左右对整个区域进行围墙砌筑和平整工作。

2014 年 7 月，镇政府清除了曾某承包地块上的苗木。随后，曾某以其苗木被推倒为由向当地公安机关报警。曾某认为，镇政府强行推倒其树木占用其耕地的行为侵害其权益，属于违法行为。

➡ 律师指引　根据《民法典》第二百零七条的规定，国家、集体、私人的物权和其他权利人的物权受法律平等保护，任何组织或者个人不得侵犯。同时，第二百四十三条还规定，为了公共利益的需要，政府部门依照法定的程序及法定的权限可以征收集体所有的组织和单位个人的房屋以及其他不动产，但是应当依法予以补偿。

在上述案例中，镇政府因建设省重点项目而对甲村部分集体土地进行征收，符合《民法典》第二百四十三条规定的因公共利益对集体土地进行征收条件。但与此同时，政府部门为公共利益有权对公民个人或集体财产作出征收征用行为，还应当满足两个条件：一方面应当按照法定的权限及程序；另一方面是应当给予被征收、征用人合理的补偿，保障被征收、征用人的生产生活不受征收、征用行为的影响。

第二节　物权的法定分类及一般规定

5 物权具有哪些分类?

物权是权利人对特定的物享有直接支配和排他的权利，分为三类，包括所有权、用益物权和担保物权。

6 所有权人对其所有物享有哪些权利?

根据《民法典》第二百四十条规定，所有权人对自己的不动产或者动产，依法享有占有、使用、收益和处分的权利。《民法典》第二百四十一条规定，所有权人有权在自己的不动产或者动产上设立用益物权和担保物权。用益物权人、担保物权人行使权利，不得损害所有权人的权益。因此，所有权人可以对自己的动产或者不动产依法进行占有、使用、收益和处分，还可以在自己的动产或者不动产上设立用益物权和担保物权。所有权人依法享有的所有权受法律保护。

7 以开发商品房为由，是否可以征收农民土地？

《民法典》第二百四十三条第一款规定，为了公共利益的需要，依照法律规定的权限和程序可以征收集体所有的土地和组织、个人的房屋以及其他不动产。因此，只有涉及“公共利益”的需要才能进行征收。一般而言，公共利益包括以下内容：（1）国家安全和军事用途；（2）交通、水利、能源、供电、供气、供暖、供水、消防等公共事业或市政建设；（3）教育、文化、卫生、体育、环境、绿化、慈善等社会公共事业；（4）国家或政府重大经济建设项目，但以具有公益性为限。而开发商品房不属于“公共利益”范畴，不能以此为由征收农民土地。

8 用益物权包括哪些内容？

用益物权是指对他人所有的不动产或者动产，依法享有占有、使用和收益的权利，是以财产的使用收益为目的的物权。在我国，用益物权主要包括建设用地使用权、农村土地承包经营权、宅基地使用权、国有自然资源使用权、地役权等。另外，探矿权、采矿权、取水权、渔业养殖权、海域使用权等也属于用益物权。

9 土地或房屋等被征收，用益物权人是否有权获得补偿？

《民法典》第三百二十七条规定，因不动产或者动产被征收、征用致使用益物权消灭或者影响用益物权行使的，用益物权人有权依照本法第二百四十三条、第二百四十五条的规定获得相应补偿。也就是说，为了公共利益的需要，在符合法律程序的前提下，需要征收集体所有的土地和因抢险、救灾等紧急需要征用财产的，用益物权人作为独立的权利主体，有权获得相应补偿。

10 什么是担保物权和反担保？

为了确保债务人能够到期履行债务，债务人或者第三人与债权人约定，债务人到期不履行债务的，债权人可就特定财产折价、变卖或者拍卖所得价款优先受偿，为此在特定财产上所设定的权利就是担保物权。根据《民法典》第三百八十六条的规定，担保物权人在债务人不履行到期债务或者发生当事人约定的实现担保物权的情形，依法享有就担保财产优先受偿的权利，但法律另有规定的除外。例如，A 欠 B 10 万元，把价值 30 万元的汽车质押给 B，约定假如 A 到期不能按时偿还借款，那么 B 有权将该质押车辆变卖，所得价款中的 10 万元用于清偿 A 的借款。

反担保也称为“求偿担保”，指的是第三人为债务人向债权人提供担保时，由债务人或者债务人以外的其他人向第三人提供的确保第三人对债务人的追偿权得以实现的一种担保。《民法典》第三百八十六条第二款规定，第三人为债务人向债权人提供担保的，可以要求债务人提供反担保，反担保适用本法和其他法律规定。例如，A 向 B 借款 100 万元，第三人 C 以价值 300 万元的房产向 B 作抵押，为 A 与 B 之间的借款关系提供担保。为保证 C 将来对 A 的追偿权能顺利实现，A（或者 D）又以自己价值 150 万元的汽车质押给 C 的行为，就是反担保。

11 常见的担保合同成立方式有哪些?

根据《民法典》的规定，构成担保的方式有如下四种:(1)在主合同中订立担保条款;(2)在主合同之外单独订立书面的担保合同;(3)在具有担保性质的书面文件中明确担保意思，并被接受的;(4)保证人在主合同中以保证人身份签字的。

12 担保物损毁、灭失的，担保物权是否同时消灭?

根据《民法典》第三百九十三条的规定，有以下情形之一的，担保物权消灭:(1)主债权消灭;(2)担保物权实现;(3)债权人放弃担保物权;(4)法律规定担保物权消灭的其他情形。值得注意的是，担保物灭失、损毁的，不完全等同于担保物权消灭。同时，《民法典》第三百九十条还规定，担保期间，担保财产损毁、灭失或者被征收等，担保物权人可以就获得的保险金、赔偿金或者补偿金等优先受偿。被担保债权的履行期未届满的，也可以提存该保险金、赔偿金或者补偿金等。

【案例 1-3】所有权人的哪些权利受法律保护?

张某乙与尚某系夫妻关系，张某乙与张某甲系兄弟关系。2012 年 3 月至 9 月，在张氏兄弟父母的资助下，张某乙与尚某在老家购买了一套门面房，用于经营和生活。

2013 年 7 月 7 日，张某甲提出父母的资助理应有自己的一份，遂要求弟弟张某乙将房产分一半给自己。被拒之后，张某甲将上述房产卷帘门砸坏，并在楼房玻璃门上安装“U”形锁具，将玻璃门锁死，以致张某乙与尚某无法进入房屋。

➲ 律师指引　根据《民法典》第二百四十条的规定，所有权人对自己的不动产或者动产，依法享有占有、使用、收益和处分的权利。

上述案例中，所涉及房屋为张某乙夫妻在父母资助下投资购买，由张某乙夫妻占有、使用、控制，属于张某乙夫妻所有，张某乙夫妻依法享有占有、使用、收益、处分的权利。张某甲将房屋卷帘门砸坏并在门窗安装“U”形锁具的行为，侵害了张某乙夫妇的房屋所有权，严重影响到张某乙夫妻对房屋的占有、使用，张某乙夫妇有权要求张某甲停止其侵害，排除妨碍。

【案例 1–4】担保物权人享有哪些权利？

2014 年 5 月 8 日，周某（贷款人）与鲍某（借款人）签订借款合同，约定：贷款金额人民币贰佰万元整，贷款期限为壹年，贷款起始日为贷款人放款日，自 2014 年 5 月 15 日起，至 2015 年 5 月 14 日止。贷款利息从贷款起始日计起，贷款利率 2% / 月，到期一次还本付息。此外，该借款合同还约定了贷款担保，即为保证合同项下的借款能得到清偿，借款人及 / 或第三人向贷款人提供抵押和担保，抵押担保内容由双方另行约定。

2014 年 5 月 15 日，周某（抵押权人）与黄某（抵押人）签订了抵押合同，约定：抵押人保证的主债权种类、数额为短期借款人民币贰佰万元整；抵押人担保的范围包括主合同项下的债务本金、利息、逾期利息、复利、罚息、违约金、损害赔偿金以及诉讼费、律师费、抵押物处置费、过户费等抵押权人实现债权的一切费用；抵押人同意以位于A区某处房产作为抵押物。同日，双方就约定的房产办理了抵押登记。

后因鲍某无法按约定偿还借款，周某向抵押人黄某主张行使抵押权。

律师指引 根据《民法典》第三百八十六条的规定，担保物权人在债务人不履行到期债务或者发生当事人约定的实现担保物权的情形，依法享有就担保财产优先受偿的权利，但法律另有规定的除外。担保物权是担保物权人享有的在特定条件下就担保财产优先受偿的权利，而担保物权包括了抵押权、质权和留置权。

在上述案例中，周某与黄某在抵押合同中约定将黄某名下的位于A区某处房产作为抵押物，办理了抵押登记。故周某作为抵押权人，其对黄某名下位于A区的房产协议折价或拍卖、变卖的价款优先受偿的主张，符合合同约定及法律规定。

【案例 1-5】用益物权与担保物权能否在同一物上并存？

甲公司办公大楼与乙公司办公大楼比邻而居，乙公司办公大楼位于甲公司办公大楼正北方。甲公司认为乙公司办公大楼高度超过甲公司办公大楼会遮挡甲公司运势，遂主动与乙公司协商签订《地役权设定协议》，约定乙公司的办公大楼修建高度不得超过甲公司，甲公司每年支付乙公司50万元补偿款，协议期限为30年。

在《地役权设定协议》履行至第15年时，乙公司将其持有的办公大楼所在A地块的建设用地使用权抵押给丙公司。甲公司得知A地块的建设用地使用权被乙公司抵押给丙公司后，提出异议。

➡ 律师指引　根据《民法典》第二百四十一条的规定，所有权人有权在自己的不动产或者动产上设立用益物权和担保物权。用益物权人、担保物权人行使权利，不得损害所有权人的权益。可见，《民法典》并未限制所有权人在其动产或不动产上同时设立用益物权及担保物权。

在上述案例中，乙公司是A地块的权属人，乙公司通过与甲公司签订《地役权设定协议》在A地块设置地役权，后乙公司又在A地块设置抵押权。地役权属于用益物权，抵押权属于担保物权，乙公司的行为未使得甲公司、乙公司、丙公司行使权利时相互影响，所以地役权、抵押权可以同时存在。

值得注意的是，同一物上是否可以同时设立担保物权和用益物权，或者能否同时设置多个用益物权或担保物权，应当从拟设置的权利特性判断，如果设置新的权利影响已存在的权利，新旧权利产生冲突，两项权利不可并存。根据《民法典》第二百四十一条的规定，用益物权人、担保物权人行使权利时，不得损害所有权人的权益。在未被转让的情况下，所有权是全面支配物的权利，其内容包括对物的占有、使用、收益和处分，但不论是用益物权还是担保物权，都无法对物进行全面支配，其内容仅仅是对他人的物享有占有、使用、收益或者处分中某一方面的权利，担保物权人和用益物权人行使其权利时不得妨碍所有人的权益。因此，在上述案例中，由于乙公司办公大楼所在地块为乙公司所有，尽管甲公司对乙公司的办公楼所在地块享有地役权，但是除特别约定外，甲公司不得限制、妨碍乙公司对该地块享有的其他占有、使用、收益、处分等权利。

第三节 物权与占有

13 占有属于物权的一种吗?

根据《民法典》的规定，占有并不是一种权利，而是一种事实状态，是民事主体对于物有事实上的管领力的事实（状态）。为此，“占有”不属于物权。但是这并不代表占有的事实状态不受《民法典》的保护，占有人可以通过行使占有人返还原物的请求权保护自己对物的占领状态。

14 善意占有和恶意占有有何不同?

善意占有和恶意占有都属于物权占有，都是没有权利而进行的占有。要区分善意占有和恶意占有，首先需要从占有人的主观情况来判断。善意占有指的是误以为自己具有占有的权利。而明知自己没有占有的权利或者对自己是否具有占有的权利有所怀疑而进行的占有，则属于恶意占有。例如，明知赃物而购买，就属于恶意占有。法律不保护恶意占有。

15 善意占有人是否有拒绝返还原物的权利?

根据《民法典》第四百六十条的规定，不动产或者动产被占有人占有的，权利人可以请求返还原物及其孳息，但应支付善意占有人因维护该不动产或者动产支出的必要费用。因此，不论是善意占有人还是恶意占有人，对权利人都负有返还原物和孳息的义务。但是，对于善意占有人来说，因为维护该财产而支出的必要费用，可以要求权利人返还，但恶意占有人没有此项权利。

16 占有物被损毁或灭失的，善意占有人是否应当承担责任?

根据《民法典》第四百六十一条的规定，占有的不动产或者动产损毁、灭失，该不动产或者动产的权利人请求赔偿的，占有人应当将因损毁、灭失取得的保险金、赔偿金或者补偿金等返还给权利人；权利人的损害未得到足够弥补的，恶意占有人应当赔偿损失。也就是说，对于善意占有人而言，需要将保险金、赔偿金或补偿金等返还权利人，也许尽管如此所有人所受到的损害仍无法得到全部弥补，但也不能要求善意占有人赔偿损失的部分。

【案例 1-6】房屋灭失毁损的，占有人如何承担责任?

王某与赵某是同村邻居，一墙之隔。2017 年 1 月，王某杂物房的房屋外延漏水，直接影响到赵某家的马匹圈养棚舍。赵某多次找王某协商要求重新整改其杂物房，但搬到城里居住的王某觉得农村的杂物房基本废弃极少使用，便置之不理。

双方协商无果，赵某一气之下，将王某杂物房的锁凿开，决定自己整改修葺。就在赵某将装修材料搬进赵某杂物房准备开工前一天夜里，杂物房不明原因着火，房屋和房屋内物品尽毁。后王某找到赵某要求赔偿损失，双方协商无果。

律师指引 法律对占有关系进行调整时，对占有人使用占有物时权利人的损害赔偿请求权作了区分，对善意占有人和恶意占有人的规定不同。根据《民法典》第四百六十一条规定，占有的不动产或者动产毁损、灭失，该不动产或者动产的权利人请求赔偿的，占有人应当将因毁损、灭失取得的保险金、赔偿金或者补偿金等返还给权利人；权利人的损害未得到足够弥补的，恶意占有人还应当赔偿损失。也就是说，当占有他人的物损毁灭失时，善意的占有人仅需要将因毁损、灭失取得的保险金、赔偿金或者补偿金等返还给权利人，但对于恶意的占有人来说，除承担前述责任外，还需要赔偿权利人损失。

在上述案例中，房屋所有权人是王某，赵某强行将王某的房屋门锁凿开，欲自行整改修葺的行为，虽然事出有因，但仍然属于恶意占有。为此，赵某应就房屋灭失的后果承担责任。

【案例 1-7】占有人返还原物请求权有无时间限制？

黄某将其住房转让给周某，黄某将房屋交付周某，但未办理过户手续。2003 年 2 月，周某之父周甲某、弟弟周乙某与袁某三人共同写下内容为“周某欠黄某 50 万元，用房抵，定五年时间，五年以前周某还黄某的钱，房子归周某，如果五年以后周某才还钱，房子归黄某”的凭证。写完借条后，周某即将房屋交给黄某占有、使用。

2005 年周某还清了欠付黄某的借款及相应利息，但黄某没有将房屋返还，周某也未要求黄某返还。直到 2019 年，周某才起诉请求法院判决黄某返还当初因借款“押”在黄某处的房屋。

律师指引 根据《民法典》第四百六十二条规定，占有的不动产或者动产被侵占的，占有人有权请求返还原物；对妨害占有的行为，占有人有权请求排除妨害或者消除危险；因侵占或者妨害造成损害的，占有人有权依法请求损害赔偿。占有人返还原物的请求权，自侵占发生之日起一年内未行使的，该请求权消灭。

在上述案例中，周某未办理房屋过户手续，故未取得房屋的所有权，对于该房屋，其仅为占有人而非所有人。按照黄某与周某借款的约定，黄某应当在 2005 年周某还清借款后将房屋返还给周某，但黄某拒绝返还，此时黄某对于房屋属于无权占有，黄某拒不返还房屋的行为对于周某而言属于侵占或者妨害行为，周某有权要求其返还房屋。由于周某怠于行使自己权利，直至 2019 年才主张占有人返还原物的请求权，此时距侵占行为发生（2005 年）超过一年，为此周某的占有人返还原物请求权已经消灭，无权再要求返还房屋。

第四节　物权共有关系

17 共有关系大致分为几种形态?

根据《民法典》第二百九十七条、第二百九十八条、第二百九十九条的相关规定，不动产或者动产可以由两个以上组织、个人共有，共有包括按份共有和共同共有。按份共有人对共有的不动产或者动产按照其份额享有所有权，共同共有人对共有的不动产或者动产共同享有所有权。因此，共有分为按份共有和共同共有两种形态。除此之外，按份共有人与共同共有人对共有物的处分、管理、分割以及承担共有物产生债务的内部责任划分上也不相同。与按份共有人相比，共同共有人之间的关系更为紧密，除特别约定为共同共有关系外，共同共有人往往具有独特的共有关系，如家庭关系、夫妻关系等。

18 按份共有人是否仅能以自己所占份额使用共有物?

根据《民法典》第二百九十八条的规定，按份共有人对共有的不动产或者动产按照其份额享有所有权。第九十六条规定，共有人按照约定管理共有的不动产或者动产；没有约定或者约定不明确的，各共有人都有管理的权利和义务。也就是说，共有财产，不论是按份共有还是共同共有，都不是对物的某一部分享有所有权，所有权及于物的整体，在物分割之前不存在所谓的应有部分。例如，甲、乙、丙三人出资共同购买一辆汽车，出资比例为 50%、30% 和 20%，说汽车的所有权及于三人，不能说甲拥有发动机、乙拥有车架、丙拥有轮子，而是变价后三人所占的份额有所不同。对于具体的使用和管理而言，如果有约定，从其约定；如果没有约定或者约定不明，则三人都具有使用和管理的权利和义务。

19 未经其他共有人同意而处分共有财产的行为，是否无效?

根据《民法典》第三百零一条的规定，处分共有的不动产或者动产以及对共有的不动产或者动产作重大修缮、变更性质或者用途的，应当经占份额三分之二以上的按份共有人或者全体共同共有人同意，但共有人之间另有约定的除外。可见，处分共有财产分为两种情形：如果是按份共有的话，应当占份额三分之二以上的按份共有人同意；如果是共同共有的话，应当全体共同共有人同意。否则，处分行为无效。值得提醒的是，尽管擅自处分行为是无效的，构成无权处分，但若第三人为有偿、善意取得共有财产的，第三人仍可以依据善意取得制度取得所有权，而其他共有人只能追究擅自处分人的侵权责任。

20 共有物遭到侵害，共有人如何向第三人追偿？

根据《民法典》第三百零七条的规定，因共有的不动产或者动产产生的债权债务，在对外关系上，共有人享有连带债权、承担连带债务，但是法律另有规定或者第三人知道共有人不具有连带债权债务关系的除外；在共有人内部关系上，除共有人另有约定外，按份共有人按照份额享有债权、承担债务，共同共有人共同享有债权、承担债务。偿还债务超过自己应当承担份额的按份共有人，有权向其他共有人追偿。也就是说，不论是共同共有还是按份共有的共有物，当遭受第三人侵害时，第三人对所有的共有人承担连带债务。单个、多个或者全体共有人均有权向第三人请求赔偿损失。如果是按份共有的话，第三人赔付的全部损失按照各共有人对共有物所占比例份额分配。例如，甲、乙、丙三人分别出资 50%、30% 和 20% 共同购买了一辆汽车跑运输，但遭遇车祸车辆损毁严重，甲向肇事方请求赔偿，肇事方清偿的款项甲收到后应依照份额比例在其与乙、丙之间进行分配。

【案例 1-8】按份共有人转让其份额，其他共有人是否有优先购买权？

张某与李某、王某按份共有位于 A 县老街路东侧八间三层房屋，2014 年 9 月 16 日取得政府部门颁发的房地产权证，其中张某占有该房产份额的 22.09%，李某占有 27.91%，王某占有份额为 50%。

2015 年 3 月 20 日，李某、王某在未经张某同意也未通知张某的情况下，与钱某签订了《房屋买卖协议》，将房屋整体以 77 万元的价格转让给钱某。

张某认为，李某及王某的行为侵犯了其合法权益，遂告上法院，请求法院判令李某、王某、钱某之间签订的《房屋买卖协议》无效，并判令将房屋按整体价格 77 万元转让给自己。

律师指引 根据《民法典》第三百零五条的规定，按份共有人可以转让其享有的共有的不动产或者动产份额。其他共有人在同等条件下享有优先购买的权利。关于优先购买权的行使，《民法典》第三百零六条：按份共有人转让其享有的共有的不动产或者动产份额的，应当将转让条件及时通知其他共有人。其他共有人应当在合理期限内行使优先购买权。

两个以上其他共有人主张行使优先购买权的，协商确定各自的购买比例；协商不成的，按照转让时各自的共有份额比例行使优先购买权。

也就是说，按份共有人向共有人之外的人转让其份额，其他按份共有人有权根据法律规定，请求按照同等条件购买该共有份额，但其优先购买权应当在一定期间内行使。具体而言：第一，“同等条件”应当综合共有份额的转让价格、价款履行方式及期限等因素确定；第二，“行使期间”是指按份共有人约定的合理期限内。值得一提的是，其他按份共有人以其优先权受到侵害为由，仅请求撤销共有份额转让合同或者认定该合同无效，而不行使优先购买权的，人民法院一般不予支持。

在上述案件中，张某、李某、王某三人按份共有房屋，李某与王某决定向共有人之外的转让该套共有房屋时，张某具有同等条件下的优先购买权，张某依法请求按照同等条件购买该共有份额的，应予支持。

【案例 1-9】按份共有房产的，房贷是否也应按所占份额还款？

2011 年 4 月，孙某和张某自由恋爱并同居生活，但未领取结婚证。2014 年 10 月 24 日，孙某和张某与大泽房地产公司签订《商品房买卖合同》，约定孙某和张某购买 A 市幸福小区房屋一套，共有方式为按份共有，孙某 99%、张某 1%，总成交金额 20 万元，首付 8 万元。孙某和张某为支付购房款在 B 银行按揭贷款 27 万元，分三年还清。后张某分多次共计还贷 5 万元。

2015 年 12 月 18 日，孙某和张某发生纠纷，其后分手，终止同居关系。张某认为，按照共有份额，自己仅需向银还款 270000×1%=2700 元，孙某应当就其多承担部分进行补偿。

➲ 律师指引　根据《民法典》第三百零七条的规定，因共有的不动产或者动产产生的债权债务，在对外关系上，共有人享有连带债权、承担连带债务，但法律另有规定或者第三人知道共有人不具有连带债权债务关系的除外；在共有人内部关系上，除共有人另有约定外，按份共有人按照份额享有债权、承担债务，共同共有人共同享有债权、承担债务。偿还债务超过自己应当承担份额的按份共有人，有权向其他共有人追偿。也就是说，按份共有人应当对外承担连带责任，但是一旦对外承担责任超出对共有物的共有份额，对内可以向其他共有人进行追偿。

在上述案例中，孙某与张某就所购买的商品房明确作出按份共有的约定，孙某享有 99% 的份额，张某享有 1% 的份额。那么，针对该套房屋所产生的债务，应当按照前述份额各自承担。由于双方就共有房屋还款向银行贷款共计 27 万元，即因共有物产生的债务为 27 万元，在外部责任承担层面，银行有权要求孙某或张某任何一人或两人按照任何比例偿还到期贷款；但在内部责任分担层面，张某按照共有份额的比例最多应当承担 270000×1%=2700 元贷款责任，其多承担部分，有权向孙某追偿。

【案例 1-10】同居期间的收入和财产是否属于共同共有？

马某与杨某曾系夫妻。1995 年 3 月，马某以其个人名义向其所属的村委会申请并获批宅基地 96.70 平方米。1996 年马某与杨某离婚，但二人同居生活，同居期间收入各自享有，共同生活双方均有支出。

2002 年，马某和杨某共同出钱出力，在马某获批的宅基地上建盖了两层砖混水泥平房。同年房屋建盖完成，后二人携两个儿子在该房内居住生活。2010 年 3 月 24 日，县国土资源局向其发放了集体土地使用证，宅基地使用权面积为 96.70 平方米，土地使用者为马某。2011 年，县房产管理所向马某发放了房屋所有权证，载房屋所有权人为马某。

后马某和杨某因为生活琐事经常吵闹，为此双方解除同居关系，但双方均认为房屋所有权人为自己，就此发生纠纷。

律师指引 根据《民法典》第三百零八条的规定，共有人对共有的不动产或者动产没有约定为按份共有或者共同共有，或者约定不明确的，除共有人具有家庭关系等外，视为按份共有。同时，第一百零四条还规定，按份共有人对共有的不动产或者动产享有的份额，没有约定或者约定不明确的，按照出资额确定；不能确定出资额的，视为等额享有。由此可见，由于同居关系与婚姻关系不同，不属于法律层面的家庭关系，所以同居人之间没有明确约定双方共同所得的收入和购置的财产为共同共有的，应当视为按份共有，按份共有的份额按照双方出资额确定，出资额不明的，视为等额享有。

在上述案例中，马某与杨某离婚后同居期间共同出资建房，由于双方当时只有同居关系而不具有家庭关系，亦未约定该房屋为共同共有，所以该房屋应属于按份共有，按照各自的出资份额享有所有权，因没有充分证据证明各自的出资额及所占比例，故依法视为等额享有。

第五节　遗失物的取得与保管

21 遗失物品被转让后，失主是否仍享有原物返还请求权？

根据《民法典》第三百一十二条的规定，所有权人或者其他权利人有权追回遗失物。该遗失物通过转让被他人占有的，权利人有权向无处分权人请求损害赔偿，或者自知道或者应当知道受让人之日起二年内向受让人请求返还原物；但是受让人通过拍卖或者向具有经营资格的经营者购得该遗失物的，权利人请求返还原物时应当支付受让人所付的费用。权利人向受让人支付所付费用后，有权向无处分权人追偿。可见，《民法典》规定失主追回丢失物品是有条件的，必须在知道或者应当知道受让人起两年内，且要向受让人支付受让人购买丢失物品所支付的费用后，方可主张请求返还原物。但若受让人是通过拍卖或者向具有经营资格的经营者购得的，失主则不能向受让人请求返还原物，只能向拾得者请求损害赔偿。

值得提醒的是，根据《民法典》第三百一十五条规定，有关部门收到遗失物，知道权利人的，应当及时通知其领取；不知道的，应当及时发布招领公告。结合第三百一十八条的规定，遗失物自发布招领公告之日起一年内无人认领的，归国家所有。也就是说，如果在拾得者向社会发布招领公告的一年内，失主没有及时认领的，该丢失物品即归国家所有，失主便再也不能追回，也不能向拾得者请求损害赔偿。

22 领取遗失物时，失主是否应当支付相关费用？

根据《民法典》第三百一十七条的规定，权利人领取遗失物时，应当向拾得人或者有关部门支付保管遗失物等支出的必要费用。权利人悬赏寻找遗失物的，领取遗失物时应当按照承诺履行义务。拾得人侵占遗失物的，无权请求保管遗失物等支出的费用，也无权请求权利人按照承诺履行义务。例如，甲的小狗丢失，邻居乙拾得后帮忙照顾喂养了一周，归还时乙有权要求 A 支付其照顾小狗期间饲料购买、看病防疫的合理费用。如甲在小狗丢失时发布了悬赏1000元的寻狗启事，那么 A 应当按照悬赏金额履行支付 1000 元的义务。但若乙拾得小狗之后准备卖掉，和买家商议价格时被发现，那么由于其具有侵占遗失物的行为，因此既不能要求甲支付其照顾小狗期间饲料购买、看病防疫的费用，又不能获得悬赏寻狗的酬金。

23 建房时在自家宅基地挖出的字画，是否当然取得其所有权？

根据《民法典》第三百一十九条的规定，拾得漂流物、发现埋藏物或者隐藏物的，参照适用拾得遗失物的有关规定。法律另有规定的，依照其规定。因此，建房时在自家宅基地挖出的字画属于发现埋藏物，应当参照遗失物的规定返还权利人或者送交有关部门，并不能够当然取得所有权。

【案例 1–11】“拾金不昧”是美德还是义务？

2015 年 3 月 8 日，余某在市场购买了一条咖啡色泰迪狗。2019 年 4 月 13 日，余某的咖啡色泰迪狗不慎丢失，被顾某捡回。2019 年 5 月 2 日，余某途经顾某家门口发现，顾某养的泰迪狗正是自己所丢失的，为此向顾某索要。顾某拒绝将其捡到的泰迪狗交由余某辨认，也拒绝将狗返还。

无奈，余某向公安机关报警。但顾某称，泰迪狗是自己捡的，属于流浪狗，而且自己也花费了很多时间和费用来照料，为此拒绝返还。

➲ 律师指引　根据《民法典》第三百一十四条的规定，拾得遗失物，应当返还权利人。拾得人应当及时通知权利人领取，或者送交公安等有关部门。可见，拾金不昧不仅是中华民族良好的美德与传统，同时也是每个公民应当履行的法定义务。

在上述案例中，顾某既然确认了狗是捡来的，且不论狗的主人是否为余某，顾某都负有向失主返还狗的义务。基于遗失物拾得人具有返还遗失物或将遗失物送交有关部门的法定义务，顾某应当将狗交由余某辨认。若狗确实是余某的，应当返还；若狗不是余某的，应当及时寻找狗的所有权人，而不能据为己有。

【案例 1-12】拾得遗失物后丢失的，是否需要承担法律责任？

张某、李某均系某公司屠宰车间工人。2018 年 11 月 22 日，张某下班时在公司工作车间捡拾到李某不慎遗失的金手链一条，价值为 6200 元。李某从别处得知此事后要求张某返还，但张某拒绝。

李某报警后，市公安局片区派出所进行了调查，张某称，捡拾到该金手链后以为是假的，所以就随手扔掉了。随后，警方在张某所称丢弃金手链的具体位置寻找，但未果。

➡ 律师指引　根据《民法典》第三百一十四条、第三百一十五条、第三百一十六条规定，拾得遗失物，应当返还权利人。拾得人应当及时通知权利人领取，或者送交公安等有关部门。有关部门收到遗失物，知道权利人的，应当及时通知其领取；不知道的，应当及时发布招领公告。拾得人在遗失物送交有关部门前，有关部门在遗失物被领取前，应当妥善保管遗失物。因故意或者重大过失致使遗失物毁损、灭失的，应当承担民事责任。根据上述法律规定，拾得人捡拾他人遗失物品负有通知、返还或送交公安部门处理并妥善保管的义务，对遗失物毁损或灭失具有重大过失或故意的，应当承担民事责任。遗失物拾得人无权擅自将遗失物处分。

在上述案例中，张某捡拾到李某遗失的金手链，负有妥善保管与及时归还的义务。张某擅自将手链丢弃，未尽到妥善保管义务，具有重大过失，现不能返还该金手链，其应承担相应赔偿责任。

第二章　房产地产物权

第一节　不动产登记

24 哪些不动产权利需要登记?

根据《不动产登记暂行条例》第五条规定，在登记的适用对象方面，包括集体土地所有权，房屋等建筑物、构筑物所有权，森林、林木所有权，耕地、林地、草地等土地承包经营权，建设用地使用权，宅基地使用权，海域使用权，地役权，抵押权以及法律规定需要登记的其他不动产权利需要进行不动产登记。

根据《不动产登记暂行条例》第二十条等相关法律规定，在申请人提出申请并提交有效材料后，不动产登记机构审查材料及书面给出受理通知，并且一次性告知补交材料。不动产登记机构应当自受理登记申请之日起 30 个工作日内办结不动产登记手续。需要提交的申请资料主要包括以下内容：(1) 填写登记申请书；(2) 携带申请人、代理人身份证明材料、授权委托书；(3) 相关的不动产权属来源证明材料、登记原因证明文件、不动产权属证书；(4) 不动产界址、空间界限、面积等材料；（5）与他人利害关系的说明材料；（6）法律、行政法规以及条例实施细则规定的其他材料。

25 不动产应当向什么机构申请登记？

依据《不动产登记暂行条例》第六条、第七条有关规定，不动产登记由不动产所在地的县级人民政府不动产登记机构办理，直辖市、设区的市人民政府可以确定本级不动产登记机构统一办理所属各区的不动产登记。跨县级行政区域的不动产登记，由所跨县级行政区域的不动产登记机构分别办理。不能分别办理的，由所跨县级行政区域的不动产登记机构协商办理；协商不成的，由共同的上一级人民政府不动产登记主管部门指定办理。国务院确定的重点国有林区的森林、林木和林地，国务院批准项目用海、用岛，中央国家机关使用的国有土地等不动产登记，由国务院国土资源主管部门会同有关部门规定。

26 不动产登记可以由当事人单方申请吗？

根据《不动产登记暂行条例》第十四条规定，因买卖、设定抵押权等申请不动产登记的，应当由当事人双方共同申请。属于下列情形之一的，可以由当事人单方申请：（一）尚未登记的不动产首次申请登记的；（二）继承、接受遗赠取得不动产权利的；（三）人民法院、仲裁委员会生效的法律文书或者人民政府生效的决定等设立、变更、转让、消灭不动产权利的；（四）权利人姓名、名称或者自然状况发生变化，申请变更登记的；（五）不动产灭失或者权利人放弃不动产权利，申请注销登记的；（六）申请更正登记或者异议登记的；（七）法律、行政法规规定可以由当事人单方申请的其他情形。

27 不动产登记是否需要实地查看?

根据《不动产登记暂行条例》第十九条规定，属于下列情形之一的，不动产登记机构可以对申请登记的不动产进行实地查看:（一）房屋等建筑物、构筑物所有权首次登记;（二）在建建筑物抵押权登记;（三）因不动产灭失导致的注销登记;（四）不动产登记机构认为需要实地查看的其他情形。对可能存在权属争议，或者可能涉及他人利害关系的登记申请，不动产登记机构可以向申请人、利害关系人或者有关单位进行调查。不动产登记机构进行实地查看或者调查时，申请人、被调查人应当予以配合。

28 不动产物权登记何时生效?

自记载于不动产登记簿之时发生效力。根据《民法典》第二百一十七条规定，不动产权属证书是权利人享有该不动产物权的证明。不动产权属证书记载的事项，应与不动产登记簿登记一致；记载不一致的，除有证据证明不动产登记簿确有错误的外，以不动产登记簿为准。因此，如果发现不动产权属证书与不动产登记簿的记载事项不一致，应当及时到不动产登记部门申请核对，并要求登记部门对不一致的事项作出变更或重新发放与不动产登记簿一致的不动产权属证书。

值得注意的是，并非所有不动产物权都需要登记才发生效力。下列情形，不动产物权不需要登记:（1）依法属于国家所有的资源，所有权可以不登记；（2）因法律文书、征收、继承、受遗赠、合法事实行为而导致的物权变动；（3）土地承包经营权的取得等。

29 不动产登记簿与不动产权属证书有什么区别？

不动产登记簿，指用于记载不动产现状与该不动产相关权利关系的簿册，是国家建立的档案性质簿册，由登记机构管理。不动产权属证书，是指在不动产登记机构对不动产情况进行审查、登记后，颁发给不动产权利人用于证明其享有不动产权利的证书，作为权利人享有不动产物权的凭证。根据《民法典》第二百一十七条的规定，不动产权属证书是权利人享有该不动产物权的证明。不动产权属证书记载的事项，应与不动产登记簿登记一致；记载不一致的，除有证据证明不动产登记簿确有错误外，以不动产登记簿为准。

30 不动产登记后，是否任何人都可以查询？

根据《民法典》第二百一十八条的规定，权利人、利害关系人可以申请查询、复制不动产登记资料，登记机构应当提供。利害关系人，一般是指不动产买卖合同当事人及可能和该物权发生联系的人。同时，根据《不动产登记暂行条例》第二十六条、第二十七条、第二十八条等相关规定，不动产登记机构、不动产登记信息共享单位及其工作人员应当对不动产登记信息保密；涉及国家秘密的不动产登记信息，应当依法采取必要的安全保密措施。权利人、利害关系人可以依法查询、复制不动产登记资料，不动产登记机构应当提供。有关国家机关可以依照法律、行政法规的规定查询、复制与调查处理事项有关的不动产登记资料。查询不动产登记资料的单位、个人应当向不动产登记机构说明查询目的，不得将查询获得的不动产登记资料用于其他目的；未经权利人同意，不得泄露查询获得的不动产登记资料。

31 房屋未办理不动产权登记，所有权是否转移？

根据《民法典》第二百零九条的规定，不动产物权的设立、变更、转让和消灭，经依法登记，发生效力；未经登记，不发生效力，但法律另有规定的除外。依法属于国家所有的自然资源，所有权可以不登记。因此，房屋未办理不动产权登记，所有权不发生转移。

32 未办理不动产权登记，是否导致不动产物权变动合同无效？

根据《民法典》第二百一十五条的规定，当事人之间订立有关设立、变更、转让和消灭不动产物权的合同，除法律另有规定或者当事人另有约定外，自合同成立时生效；未办理物权登记的，不影响合同效力。登记是一种物权变动的公示方法，没有办理不动产权登记，不能设定、变更、转让和消灭不动产物权。但是，没有办理登记并不会导致变动不动产物权合同的必然无效。该合同是否有效，应根据《合同法》有关规定来具体判定。

33 不动产预告登记有什么作用？

根据《民法典》第二百二十一条的规定，当事人签订买卖房屋的协议或者签订其他不动产物权的协议，为保障将来实现物权，按照约定可以向登记机构申请预告登记。预告登记后，未经预告登记的权利人同意，处分该不动产的，不发生物权效力。不动产预告登记制度是为杜绝出卖方“一物二卖”的不诚信行为，保障购买方权益。为了平衡买卖双方利益，避免购买方在申请预告登记后长期拖延不办理正式登记，从而可能损害出售方的利益，《民法典》对购买方权利也作出了相应限制：预告登记后，债权消灭或者自能够进行不动产登记之日起九十日内未申请登记的，预告登记失效。

34 自己建造的房屋，何时取得所有权？

根据《民法典》第二百三十一条的规定，因合法建造、拆除房屋等事实行为设立或者消灭物权的，自事实行为成就时发生效力。也就是说，自己建造的房屋，在房屋建造完成之时，建造人即取得该房屋的所有权。

35 继承取得的房屋所有权是否需要进行变更登记？

根据《民法典》第二百三十条的规定，因继承取得物权的，自继承开始时发生效力。也就是说，继承的房屋无须变更登记即从被继承人去世之时自动转移归继承人所有。例如，A 的父母在 2018 年 10 月 23 日去世，那么其父母遗留给他作为遗产的房产即从 2018 年 10 月 23 日起归 A 所有，无须交付或者办理登记，也无须其他法律行为（比如订立合同）。

【案例 2-1】房屋交易时，购房人何时取得房屋所有权？

2015 年 4 月，张某与王某签订了一份《商品房买卖合同》，由张某购买王某位于 A 市某区花园小区一间商品房，并对房屋面积、购买价格等事项进行了约定。其中，合同中对房屋产权登记事宜约定："出卖人应当在商品房交付使用后 180 日内，将办理权属登记需要由出卖人提供的资料报产权登记机关备案。如因出卖人的责任，买受人张某不能在规定期限内取得房地产权属证书，双方同意买受人不退房，出卖人按已付房款的 1% 向买受人支付违约金。"

合同签订后，张某向王某支付了购房款，王某将房屋交付给张某。之后，王某迟迟不愿配合张某办理房屋的过户登记手续。

➔ 律师指引　根据《民法典》第二百一十四条规定，不动产物权的设立、变更、转让和消灭，依照法律规定应当登记的，自记载于不动产登记簿时发生效力。简而言之，我国实行严格的不动产变更登记制度，依法应当登记的不动产物权，自变更登记时发生物权变动。购买房屋时，买受人应注意及时敦促出卖人协助办理变更登记手续。

在上述案例中，张某与王某签订房屋买卖合同后，双方按照合同约定进行交付房屋、支付价款等行为，但未办理房屋过户登记手续，意味着张某尚未取得房屋所有权。

张某虽然没有获得房屋的所有权，但根据双方签订的《商品房买卖合同》"出卖人应当在商品房交付使用后 180 日内，将办理权属登记需由出卖人提供的资料报产权登记机关备案……"的约定，王某作为房屋出卖人负有在 180 天内协助办理过户登记手续的义务，张某可依据合同要求王某协助办理过户登记。

【案例 2-2】未办理登记的房屋买卖合同有效吗？

2007 年 1 月 24 日，耿某与马某签订购房协议。协议约定，马某将其房屋卖给耿某，耿某将房款一次付清，马某将建房土地使用证交付耿某，耿某办理过户手续，并负担过户登记的相关费用。4 名见证人签字。但双方未在协议中具体约定房屋过户的时间。

随后不久，马某去世。马某的继承人拒绝协助耿某办理购房过户手续，双方发生争议。

律师指引 不动产物权的变动须经过登记才能生效，但买卖合同的效力与是否办理登记没有必然联系。也就是说，没有办理登记的结果只是物权不发生变动，但不影响买卖合同的效力。《民法典》第二百一十五条规定，当事人之间订立有关设立、变更、转让和消灭不动产物权的合同，除法律另有规定或者当事人另有约定外，自合同成立时生效；未办理物权登记的，不影响合同效力。该条规定意在保护未违反义务的一方当事人权益，如果未办理登记，买卖合同是成立且生效的，那么卖方就必须继续履行为买方办理过户登记的义务。如果事实上已经不能履行，卖方则要向买方承担违约责任。

在上述案例中，鉴于双方未具体约定过户时间，马某负有随时协助耿某办理房屋过户的义务，虽然马某已去世，其继承人亦负有协助耿某办理房屋变更登记（过户）的义务。

【案例 2-3】因登记错误而造成损失的，如何追究责任？

2011 年 10 月，王某以帮赵某出租房屋为名，让赵某提供房产证、身份证等证件资料。赵某按其要求提供后，王某找人复制伪造了一套假的房产证、身份证等资料。

2011年11月，王某指使一男子假冒赵某，持伪造的赵某身份证、房产证等对严某声称要向其抵押借款，严某信以为真，便与该男子（以下简称“假赵某”）前往市房产管理局，现场签订了一份抵押借款合同，双方约定：“赵某”以其所有的房屋作为抵押向严某借款25万元。随后，假赵某与严某向房产管理局提供了该借款合同和伪造的赵某身份证、房产证等材料，申请办理抵押登记。市房产管理局受理后，工作人员未能识别伪造的赵某身份证、房产证，为假赵某与严某办理了抵押手续。严某将20万元借款交给假赵某后，假赵某又将钱交给了王某。

两个月后，假赵某没能依约向严某支付利息，严某发觉受骗，向公安机关报案。2014年10月，严某以市房产管理局未尽到审慎义务，使他人以虚假材料顺利办理房屋他项权证，以致其遭受巨大的经济损失为由，要求市房产管理局赔偿。

➡ **律师指引**　根据《民法典》第二百二十二条的规定，当事人提供虚假材料申请登记，造成他人损害的，应当承担赔偿责任。因登记错误，造成他人损害的，登记机构应当承担赔偿责任。登记机构赔偿后，可以向造成登记错误的人追偿。结合《最高人民法院关于审理房屋登记案件若干问题的规定》第十二条规定，申请人提供虚假材料办理房屋登记，给原告造成损害，房屋登记机构未尽合理审慎职责的，应当根据其过错程度及其在损害发生中所起作用承担相应的赔偿责任。综合上述法律规定，登记机关未尽到审查义务错误登记给权利人造成损害的应当负赔偿责任，当事人提供虚假材料虚假登记的，也应当负赔偿责任。

在上述案例中，市房产管理局及其工作人员在进行房屋抵押登记过程中，未尽到审慎查验、核实的义务，致使王某等人利用伪造的材料得以办理房屋他项权证，导致严某被骗取20万元，无法行使抵押权以救济损失。严某20万元的损失与房产管理局及其工作人员怠于行使职权、未尽到合理审慎职责具有因果关系，市房产管理局应当负赔偿责任。

【案例2-4】办理不动产登记的收费标准是什么？

朱某与刘某于2000年2月2日登记结婚，于2017年4月26日离婚。王某于2018年10月24日向南京市财政局缴纳了不动产登记费80元，该不动产为二人婚后共同购买并居住的房屋。王某认为，该80元为夫妻共同债务，应当由朱某分担一半。但朱某认为不动产登记属于登记机构应尽的义务，不应当收费，拒绝分摊不动产登记费。

➡ 律师指引　根据《民法典》第二百二十三条规定，不动产登记费按件收取，不得按照不动产的面积、体积或者价款的比例收取。也就是说，不论拟进行登记的不动产面积大小、价格，不动产登记一律按件收取同样的登记费用。结合《国家发展改革委、财政部关于不动产登记收费标准等有关问题的通知》的第一条规定，住宅类不动产登记收费标准。落实不动产统一登记制度，实行房屋所有权及其建设用地使用权一体登记。原有住房及其建设用地分别办理各类登记时收取的登记费，统一整合调整为不动产登记收费，即住宅所有权及其建设用地使用权一并登记，收取一次登记费。规划用途为住宅的房屋（以下简称住宅）及其建设用地使用权申请办理下列不动产登记事项，提供具体服务内容，据实收取不动产登记费，收费标准为每件 80 元。即我国不动产登记标准为按件收费。

在上述案例中，按照相关法律法规规定，王某就商品房权属进行登记，不动产登记机构有权依法收取王某登记费用 80 元。同时，由于该房屋为王某与朱某共同所有的不动产，故朱某应当支付一半的登记费用。

【案例 2-5】预告登记后，开发商将房产再出售，受害者应如何救济?

2008 年 10 月，方某看中了市郊区一个新楼盘的期房，给付了定金和部分房款之后，与开发商办理了该房产的预告登记。2009 年 1 月，住房贷款审批下来之后，方某在楼盘销售中心办理手续时意外发现，开发商与自己不相识的蔡某就她选择的单元签订了《购房合同》。为此，方某以自己签订的《购房合同》在先且给付了房款、进行了预告登记为由，提出开发商“一房二卖”存在欺诈行为，主张开发商与蔡某在后签订的合同无效。

➜ 律师指引　根据《民法典》第二百二十一条规定，当事人签订买卖房屋或者其他不动产物权的协议，为保障将来实现物权，按照约定可以向登记机构申请预告登记。预告登记后，未经预告登记的权利人同意，处分该不动产的，不发生物权效力。预告登记后，债权消灭或者自能够进行不动产登记之日起九十日内未申请登记的，预告登记失效。

在上述案例中，虽然在预告登记后、物权变动登记前，作为购房者的方某还没有取得该不动产的所有权，但在预告登记之后，未经过预告登记的权利人同意，开发商再将不动产卖给第三人，后一个买卖合同有效但不能发生物权效力。因此，方某虽然不能请求法院判决开发商与第三人之间签订的合同无效，但有权向开发商主张违约，同时可向法院主张第三人不能依据后一个买卖合同取得房屋所有权。

第二节　房产买卖

36 签订商品房购买意向书后，一方反悔，另一方可否要求赔偿？

依《民法典》第四百九十五条的规定，当事人约定在将来一定期限内订立合同的认购书、订购书、预订书等，构成预约合同。当事人一方不履行预约合同约定的订立合同义务的，对方可以请求其承担预约合同的违约责任。也就是说，如果签订了商品房购买意向书之后，不论购房者还是开发商，只要是一方反悔不按照约定订立买卖合同，另一方可以要求赔偿。

37 分期付款购房时，出卖人什么情况下可行使解除合同权利？

《民法典》第六百三十四条规定，分期付款的买受人未支付到期价款的数额达到全部价款的五分之一，经催告后在合理期限内仍未支付到期价款的，出卖人可以请求买受人支付全部价款或者解除合同。出卖人解除合同的，可以向买受人请求支付该标的物的使用费。

38 商品房不符合宣传资料或销售广告内容，开发商是否违约？

商品房的销售广告和宣传资料在性质上属于要约邀请，不能认为是商品房买卖合同。但是，根据《最高人民法院关于审理商品房买卖合同纠纷案件适用法律问题的解释》（2020 修正）第三条的规定，商品房的销售广告和宣传资料为要约邀请，但是出卖人就商品房开发规划范围内的房屋及相关设施所作的说明和允诺具体确定，并对商品房买卖合同的订立以及房屋价格的确定有重大影响的，构成要约。该说明和允诺即使未载入商品房买卖合同，亦应当视为合同内容，当事人违反的，应当承担违约责任。

39 遭遇“一房二卖”，购房合同是否还有效？

对于一套房屋签订两个购房合同的行为，如果两个买卖合同都是双方当事人平等自愿协商一致达成的，那么两个合同均有效。但是，在进行房产交易的时候，单凭签订的购房合同还无法取得房屋所有权。要想取得房屋的所有权，就必须进行变更登记。对于办理了过户变更登记的购房者来说，其取得了该房屋的所有权；而没有办理过户变更登记的另一份购房合同效力不受影响，但此时该合同购房者只能要求出售方承担违约责任。

40 共有房屋出租后，一方转让份额的，另一方是否有优先购买权？

根据《民法典》第三百零五条的规定，按份共有人可以转让其享有的共有的不动产或者动产份额。其他共有人在同等条件下享有优先购买的权利。同时，《民法典》第七百二十六条的规定，房屋承租人也有优先购买权。但根据物权优于债权的原理，按份共有人的优先购买权应优先于承租人的优先购买权。也就是说，在两者相冲突的情况之下，按份共有人可以向转让其份额的按份共有人主张优先购买权，最终取得该份额。

【案例 2–6】“一房二卖”，一方取得登记，一方占有房屋，所有权归谁？

李某用房屋拆迁后的补偿安置款购得某区一套商品房。2011 年 8 月，李某和谢某就该房屋签订《房地产买卖合同》，并于 2012 年 4 月 5 日将该房屋权利核准登记至谢某名下。

2011 年 12 月，李某又与臧某签订《商品房买卖合同》，约定将上述房屋卖给臧某，并将房屋交付给臧某居住。2012 年 7 月，由于李某迟迟不能对房屋进行交付，谢某起诉要求李某交付系争房屋，臧某作为第三人申请参加该案诉讼。

一审法院认定李某与谢某签订的房屋买卖合同有效，判决臧某应当立即交出房屋。二审法院认为，虽然一审生效判决确认李某与谢某就系争房屋签订的买卖合同有效，但同时亦确认谢某自始至终没有合法取得过系争房屋而客观上没有获得系争房屋的交付，因此，谢某应向李某主张因无法交付系争房屋导致买卖合同无法继续履行的违约责任。谢某虽然已取得系争房屋的产权证，但在其从未在李某处获得系争房屋实际控制权的情况下，其径行要求系争房屋实际占用人臧某迁出，不予支持。

➲ 律师指引 占有与所有不同，我国通说认为占有只是一种事实状态而非具体的权利，其只是所有权人享有的“占有、使用、收益、处分”中的一种，且可以与所有权相分离。上述案例涉及当所有权与占有权发生分离的情况下，买受人是否可以其为房屋所有权人基于返还原物请求权要求房屋内的实际占有人迁出的问题，是所有权人与有权占有人之间的博弈。所有权人有权向无权占有人主张原物返还请求权，但是其不一定能够依据所有权要求有权占有人返还占有。

房屋所有权人在“一房二卖”时，会出现将房屋交付买受人一占有使用但并未做变更登记，随后与买受人二办理变更登记的情况。此时，从买受人一的角度讲，其为有权占有，虽然买受人二已取得房屋的所有权（不动产所有权的变更以公示登记为生效要件），但在其未实际占有房屋的情况下，仅基于物权请求权要求有权占有人迁出，此类诉讼请求能否被支持，司法实践中争议较大。但有一点可以确定的是，如若出现此种情况，买受人二可以要求出卖人（即原“一房二卖”房主）履行交付房屋的义务，或在房屋客观上无法交付的情况下承担违约责任。

【案例 2–7】违章建筑的所有权归谁所有？

王某为 A 村村民。2001 年 11 月 30 日，王某与 A 村村委会签订《协议书》，取得 A 村变压器以西 6.6 亩耕地土地的使用权，使用期限最低

50 年，承包费 6600 元 / 年，签订协议时一次性交清头三年的使用费共计 19800 元，以后每三年一交。王某于协议签订后次日向村委会交付了 19800 元的土地使用费。

2004 年 4 月 20 日，王某在上述土地上建造了房屋开设酒店进行经营。房屋建成后，王某未到登记机关办理不动产登记手续。

后政府部门对王某建造房屋所附着的地块进行征收，但拒绝对王某的房屋进行补偿。王某认为该房屋为自己建造，合法享有房屋的所有权，政府部门应当给予补偿。

律师指引 根据《民法典》第二百三十一条的规定，因合法建造、拆除房屋等事实行为设立或者消灭物权的，自事实行为成就时发生效力。该法条是针对不动产原始取得内容的规定，房屋建造人自建设完成时取得房屋的所有权，但是需要符合建设行为合法的前提。依照《民法典》的相关规定，我国对耕地实行特殊保护，严格限制农用地转为建设用地，控制建设用地总量。

在上述案例中，王某擅自将耕地改为建设用地，违反法律规定。王某的建设行为并不合法，因此房屋不属于该条规定不动产物权设立的原始取得情形，不能认定相应的物权已设立，王某尚未取得房屋的所有权。

【案例 2–8】没有独立产权证的车库能否作为房屋从属物归购房者?

顾某和毛某是夫妻，因拆迁安置获得商品房一套，附带车库一间，但车库面积未计入房屋产权证内。2017 年，该房屋因为顾某和毛某未履行法院判决而被强制执行。

在该案执行过程中，法院委托A资产评估公司对该房屋价格进行司法鉴定评估，A资产评估公司出具房地产估价报告，载明如下内容：1.本报告估价对象的公共配套设施、水、电及人流、物流交通均与整体物业为不可分割的一体，因此本次估价是以估价对象可享有合理的公共配套设施、水、电及内部交通的使用权益为前提。估价结果包含与房地产不可分割的满足其使用功能的水、电、气、配套相关辅助设施等。2.本次估价对象为商品房住宅，该成套住宅建筑面积120.07平方米、阁楼80.25平方米……估价报告附件中载明的估价对象内外部照片显示了商品房的屋内状况，但未附带车库的状况。后袁某通过网上竞拍以1989 000元的价格竞得该房屋。

顾某、毛某与袁某因车库归属问题产生争议，顾某与毛某认为，车库并不包含在拍卖范围内。袁某认为车库为商品房的从物，所有权应当与商品房一同转移。

➡ 律师指引　根据《民法典》第三百二十条的规定，主物转让的，从物随主物转让，但是当事人另有约定的除外。如果将车库认定为商品房的从物，则应当将其随商品房一并转让。但《物权法》第七十四条第二款明确规定，建筑区划内，规划用于停放汽车的车位、车库的归属，由当事人通过出售、附赠或者出租等方式约定。

在上述案例中，车库面积未计入房屋产权证中，拍卖过程中房地产估价报告也没有包含车库状况。因拍卖时未明确车库属于拍品范围，且袁某未就车库支付对价，所以车库不属于商品房的从物，未与商品房一同转让。为此，袁某要取得车库的归属需通过出售、附赠或出租方式。

【案例2-9】夫妻一方擅自出售共有房屋，处分行为是否有效？

王某与张某为夫妻关系，婚后二人在某市P区购买商品房一套，房屋登记在张某名下，贷款金额为300万元，贷款期限为20年，从王某的工资卡自动扣费还贷。婚后第三年，张某因生意失败陷入财务危机，无法继续还贷，东拼西凑，背着妻子张某将房产卖给了不知情的曾某。

其妻张某得知房产被卖之后，找到曾某提出，自己不知情、不同意丈夫擅自卖房的决定，作为房子的共同所有人，丈夫王某单独卖房的行为无效。但曾某提出，房产已经过户到自己名下，拒绝退回房产。

➲ 律师指引　我国实行夫妻财产共有制度，夫妻双方的财产应该由夫妻双方共同协商决定。根据《民法典》第三百零一条的规定，处分共有的不动产或者动产以及对共有的不动产或者动产作重大修缮、变更性质或者用途的，应当经占份额三分之二以上的按份共有人或者全体共同共有人同意，但是共有人之间另有约定的除外。因此，未经夫妻一方同意，另一方擅自处分共有财产的，其处分行为是无效的。

尽管处分行为是无效的，但并不代表第三人必然丧失所购买的房产所有权。根据《民法典》第一千零六十二条、第一千零六十条规定，关于“夫妻对共同财产，有平等的处理权”的规定，应当理解为：（一）夫或妻在处理夫妻共同财产上的权利是平等的。因日常生活需要而处理夫妻共同财产的，任何一方均有权决定。（二）夫或妻非因日常生活需要对夫妻共同财产做重要处理决定，夫妻双方应当平等协商，取得一致意见。他人有理由相信其为夫妻双方共同意思表示的，另一方不得以不同意或不知道为由对抗善意第三人。

在上述案例中，如若第三人是善意、有偿购买了该套房屋，可以根据善意取得制度取得房屋所有权。夫妻一方擅自处分共同共有的房屋造成另一方损失，离婚时另一方请求赔偿损失的，人民法院应予支持。

第三节　房产物权的处置

41 什么是抵押？

根据《民法典》第三百九十四条的规定，为担保债务的履行，债务人或者第三人不转移财产的占有，将该财产抵押给债权人的，债务人不履行到期债务或者发生当事人约定的实现抵押权的情形，债权人有权就该财产优先受偿。前款规定的债务人或者第三人为抵押人，债权人为抵押权人，提供担保的财产为抵押财产。例如，甲欠乙 80 万元，第三人丙为担保甲到期能够偿还债务，将自己一套价值 200 万元的房产抵押给乙，并做了抵押登记。债务到期时，如甲无法按期履行还款义务，乙则有权就该套房产折价、拍卖、变卖等的价款优先受偿 80 万元，用于清偿甲欠的债务。

42 哪些财产不能进行抵押?

根据《民法典》第三百九十九条的规定，下列财产不得抵押：（一）土地所有权；（二）耕地、宅基地、自留地、自留山等集体所有的土地使用权，但法律规定可以抵押的除外；（三）学校、幼儿园、医疗机构等以公益为目的成立的非营利法人的教育设施、医疗卫生设施和其他公益设施;（四）所有权、使用权不明或者有争议的财产;（五）依法被查封、扣押、监管的财产;（六）法律、行政法规规定不得抵押的其他财产。

43 正在建造中的房屋能否抵押?

可以。根据《民法典》第三百九十五条的规定，债务人或者第三人有权处分的下列财产可以抵押:（一）建筑物和其他土地附着物;（二）建设用地使用权;（三）海域使用权;（四）生产设备、原材料、半成品、产品;（五）正在建造的建筑物、船舶、航空器;（六）交通运输工具;（七）法律、行政法规未禁止抵押的其他财产。抵押人可以将前款所列财产一并抵押。

44 房产抵押时未办理抵押登记，抵押合同是否有效?

不论是动产还是不动产抵押合同均为要式合同，双方在合同书上签字盖章成立，除非有特别的规定。也就是说，抵押合同本身是不需要办理登记的，抵押权登记与否，并不影响抵押合同的效力。

但抵押合同有效，并不等于抵押权有效。房产抵押属于不动产抵押，以不动产抵押的，在办理抵押登记手续后，不动产的抵押权才成立并生效，此时债权人对该不动产享有优先受偿权。一般而言，抵押合同生效之后，抵押人必须按照约定办理相关的抵押登记手续，否则将构成违约，需要承担相应的违约责任。

45 建筑物和建设用地使用权能否分别抵押?

根据《民法典》第三百九十七条的规定，以建筑物抵押的，该建筑物占用范围内的建设用地使用权一并抵押。以建设用地使用权抵押的，该土地上的建筑物一并抵押。抵押人未依据前款规定一并抵押的，未抵押的财产视为一并抵押。

46 抵押的房产是否可以出租?

在抵押期间，抵押人对抵押物仍然享有使用收益权，抵押人可以将抵押物出租。值得提醒的是，根据《民法典》第四百零五条规定，抵押权设立前抵押财产已经出租并转移占有的，原租赁关系不受该抵押权的影响。也就是说，如果房产是在办理了抵押登记之后出租的，实现抵押权之后，房屋的买受人可以解除原来的租赁合同，承租人不能要求继续承租抵押的房屋；而如果房产是在抵押登记之前就出租并转移占有的，抵押权就不能对抗租赁权，买受人不得解除原租赁合同。

47 抵押人能否将抵押的房产出售?

根据《民法典》第四百零六条的规定，抵押期间，抵押人可以转让抵押财产。当事人另有约定的，按照其约定。抵押财产转让的，抵押权不受影响。抵押人转让抵押财产的，应当及时通知抵押权人。抵押权人能够证明抵押财产转让可能损害抵押权的，可以请求抵押人将转让所得的价款向抵押权人提前清偿债务或者提存。转让的价款超过债权数额的部分归抵押人所有，不足部分由债务人清偿。值得提醒的是，按照《民法典》第四百零七条规定，抵押权不得与债权分离而单独转让或者作为其他债权的担保。债权转让的，担保该债权的抵押权一并转让，但是法律另有规定或者当事人另有约定的除外。也就是说，购买有抵押房产的买受人，需要承担该房产上的抵押担保责任。

48 行使抵押权时，能否及于土地上新加建的房屋？

行使抵押权时是不能及于土地上新加建的房屋的。但是，行使抵押权时可将新建房屋与原来抵押房产一同转让、拍卖或变卖，只是抵押权人不得就新建房屋变价后的款项主张优先受偿权。

【案例 2–10】房屋抵押未办理登记，无需承担担保责任？

2013 年 9 月 3 日，某公司与刘某签订《借款合同》，约定：某公司向刘某借款 1.2 亿元。某公司以不动产抵押物提供担保，明确罗列了抵押物清单，其中一部分为郭某所有，郭某在借款合同中签字担保。因合同签订时，郭某房产均尚未办理不动产权登记，故无法办理抵押登记。为此，郭某向刘某交付了拟办理抵押登记全部房产的相关权属证明文件的原件，包括认购协议及购房协议书、商品房预售合同、前期物业服务合同、银联刷卡单、购房款收据及发票原件等。

随后，刘某开始陆续履行付款义务，某公司亦接收了刘某款项。后由于某公司未按照合同约定还本付息，双方产生纠纷。刘某请求郭某在提供抵押担保的房产价值范围内对某公司债务承担连带清偿责任，但郭某以房屋未办理抵押登记为由主张其应免责。为此，刘某将某公司和郭某告上了法院。

律师指引 上述案例中，郭某作为《借款合同》中抵押房产的权利人，不仅在《借款合同》中签字确认，而且在拟抵押房产尚未办理房屋权属证件的情况下，向刘某交付了拟办理抵押登记全部房产的相关权属证明文件原件等资料，因此应当确认郭某与张某以其名下房产为某公司向刘某借款提供抵押的意思表示真实、明确，抵押关系成立。

尽管郭某以房屋未办理抵押登记为由主张其应免责，但法院认为郭某以其房产为《借款合同》提供担保，其本应积极履行合同义务，但其不仅未办理房屋的抵押登记，反而以房屋未办理抵押登记为由主张其应免责，有违民法的诚信原则和公平原则。司法不应鼓励违约方因其违约而获益，不应牺牲守约方对合同的信赖和预期而使违约方免责。因此，郭某应承担担保责任。

特别提醒的是，根据《民法典》第四百零二条的规定，抵押权自登记时设立。但是否登记并不影响抵押合同的效力，抵押合同生效后，就对双方具有约束力。在这种情况下，债权人有权请求抵押人办理抵押登记手续，若因抵押物灭失或转让他人等原因无法办理抵押登记的，债权人有权请求抵押人以抵押物的价值为限承担责任。因此，不动产抵押未办理不等于不需要承担抵押担保责任。相反，未依约办理抵押登记的，还存在被追究违约责任的风险。

【案例 2-11】购房合同无效，抵押贷款合同的效力如何?

2005 年 3 月 15 日，董某与 A 公司签订了《房屋买卖合同》。2009 年 3 月，董某得知在其与 A 公司签订《房屋买卖合同》前，A 公司就与李某为骗取银行贷款，就该商品房签订了另一份虚假的《商品房买卖合同》。同时，李某于 2004 年 6 月 18 日将该房屋作为抵押物，与银行签订了《房地产抵押合同》及《商业用房抵押贷款合同》，在住房保障和房产管理局办理了抵押登记。

董某于 2011 年 10 月就李某与 A 公司之间签订的《商品房买卖合同》的效力问题向法院提起诉讼。经法院审理查明，李某与 A 公司之间的买卖合同属于以骗取银行贷款为目的，以合法形式掩盖非法目的的合同，遂作出判决认定李某与 A 公司之间的《商品房买卖合同》无效。为此董某提出，既然买卖合同无效，那么抵押合同作为从合同也应该无效，要求银行解除对房产的抵押。但银行认为抵押权已经登记，具有法律效力，抵押行为合法有效。

律师指引 根据《民法典》第三百八十八条的规定，担保合同是主债权债务合同的从合同。主债权债务合同无效的，担保合同无效，但是法律另有规定的除外。担保合同被确认无效后，债务人、担保人、债权人有过错的，应当根据其过错各自承担相应的民事责任。

在上述案例中，李某与 A 公司之间签订的《商品房买卖合同》经法院判决，被确认为无效。《房地产抵押合同》及《商业用房抵押贷款合同》作为李某与 A 公司之间签订的《商品房买卖合同》的从合同，主债权债务合同无效，担保合同也因此无效。而在担保合同被确认无效后，债务人、担保人、债权人有过错的，应当根据其过错各自承担相应的民事责任。

【案例 2-12】未经房屋抵押担保人同意，债务人能否将债务转让？

案例一：王某向李某借款 100 万元，张某为王某借款提供抵押担保，抵押物为一套市场价值约为 230 万元的房屋。后王某与李某协商达成一致，王某欠付李某的债务由宋某承担，并达成书面的补充协议，对此，张某并不知情。

后因宋某未及时向李某履行还款义务，李某要求履行抵押权，将张某的房屋拍卖，但张某认为，李某与王某商议将债务转移给第三人，未经自己同意，为此对该笔债务不再承担担保责任。

案例二：王某向李某借款100万元，张某为王某借款提供抵押担保，抵押物为一套市场价值约为230万元的房屋。后王某与李某协商达成一致，王某欠付李某的债务的一半（即50万元）由宋某承担，并达成书面的补充协议，对此，张某并不知情。

后因宋某未及时向李某履行还款义务，李某要求实现抵押权，将张某的房屋拍卖。张某认为，李某与王某商议将债务转移给第三人，未经自己同意，为此对该笔债务不再承担担保责任。

➲ 律师指引　根据《民法典》第三百九十一条的规定，第三人提供担保，未经其书面同意，债权人允许债务人转移全部或者部分债务的，担保人不再承担相应的担保责任。

在上述案例一中，张某为王某与李某之间的借款合同进行担保，债权人李某与债务人王某未经张某的同意擅自将全部债务转移给第三人宋某，此时王某不再就转让的100万元全部债务承担担保责任。

在上述案例二中，张某为王某与李某之间的借款合同进行担保，债权人李某与债务人王某未经张某的同意擅自将部分债务转移给第三人宋某，此时王某不再就转让的50万元这部分债务承担担保责任。

需要提醒的是，与债务转移需要获得担保人书面同意相对应的是，关于债权转让是否需要经过担保人的同意问题，《民法典》第六百九十六条明确规定，债权人转让全部或者部分债权，未通知保证人的，该转让对保证人不发生效力。保证人与债权人约定禁止债权转让，债权人未经保证人书面同意转让债权的，保证人对受让人不再承担保证责任。

【案例 2–13】被担保债权既有债务人自己的房产抵押又有保证人，实现担保物权时是否有特定顺序？

2014 年 5 月 8 日，周某与魏某签订了借款合同，约定周某向魏某借款 10 万元，借款人及 / 或第三人向贷款人提供了下列抵押和担保：1. 周某以自有房屋向 B 提供抵押担保；2. 王某提供保证担保。

后魏某依约向周某转款 10 万元，但 2018 年借款合同到期，周某无法还款。为此，魏某要求保证人王某直接承担保证责任，偿还周某欠付的借款。

➡ 律师指引　根据《民法典》第三百九十二条的规定，被担保的债权既有物的担保又有人的担保的，债务人不履行到期债务或者发生当事人约定的实现担保物权的情形，债权人应当按照约定实现债权；没有约定或者约定不明确，债务人自己提供物的担保的，债权人应当先就该物的担保实现债权；第三人提供物的担保的，债权人可以就物的担保实现债权，也可以请求保证人承担保证责任。提供担保的第三人承担担保责任后，有权向债务人追偿。

在上述案例中，对于担保物权实现的顺序并无事先约定，周某以自有房屋提供了物的抵押担保，同时王某为人保（保证担保）。按照法律规定，没有约定或者约定不明确的情况之下，债权人魏某应当首先向债务人周某主张抵押权，而非直接向保证人王某主张要求其承担保证责任。

【案例 2-14】开发商欠工程款，商品房能否成为留置物?

2012 年 11 月 9 日，郑某与某置业公司签订《商品房买卖合同》一份，约定:郑某购买某置业公司开发建设的房屋。2013 年 11 月 20 日，某置业公司向郑某出具了销售不动产统一发票。2014 年 1 月 6 日，郑某办理取得了上述房屋的房产证，并于同年 1 月 9 日办理上述房屋的土地证。

郑某准备收房入住时发现，上述房屋被孙甲、丁某实际居住。孙甲、丁某表示，因某置业公司拖欠工程款，对房产进行留置并使用。郑某要求孙甲、丁某搬出房屋，遭到拒绝。

➲ 律师指引　根据《民法典》第四百四十七条的规定，债务人不履行到期债务，债权人可以留置已经合法占有的债务人的动产，并有权就该动产优先受偿。因此，在行使留置权时应注意对象是合法占有的动产，债权人无权对不动产进行留置。

在上述案例中，所涉房产为不动产，孙甲、丁某所陈述的因某置业公司欠付工程款而对房产进行留置的行为，不符合相关法律规定。

【案例 2-15】无约定时，房产抵押担保范围是否包括利息与违约金?

2012 年 12 月 27 日，曹某向李某借款 10 万元，并出具借条，约定借期为三个月，每月按时按同期银行贷款利率的一倍支付利息，并用位于市区的房产作为借款抵押。当日，李某向曹某转款 10 万元，双方办理了房产抵押登记，未就抵押担保范围作出约定。

后曹某未能按期还款，李某行使抵押权要求拍卖房屋，就借款本金与利息优先受偿。但曹某仅同意李某本金就抵押物优先受偿，而将利息排除在外。双方协商未果。

律师指引 根据《民法典》第三百八十九条的规定，担保物权的担保范围包括主债权及其利息、违约金、损害赔偿金、保管担保财产和实现担保物权的费用。当事人另有约定的，按照约定。也就是说，在没有约定的情况下，担保物权的范围包括违约金与利息。

在上述案例中，李某与曹某就借款订立抵押合同时，并未约定抵押权优先受偿范围，故按照法律规定，抵押权优先受偿的范围应当包含利息与违约金。

第四节 土地使用权交易

49 开发商品房时能否通过划拨方式取得建设用地使用权?

根据《民法典》第三百四十七条规定，设立建设用地使用权，可以采取出让或者划拨等方式。工业、商业、旅游、娱乐和商品住宅等经营性用地以及同一土地有两个以上意向用地者的，应当采取招标、拍卖等公开竞价的方式出让。严格限制以划拨方式设立建设用地使用权。

50 土地所有权和使用权发生争议如何解决?

根据《中华人民共和国土地管理法》(以下简称《土地管理法》)第十四条规定，土地所有权和使用权争议，由当事人协商解决；协商不成的，由人民政府处理。单位之间的争议，由县级以上人民政府处理；个人之间、个人与单位之间的争议，由乡级人民政府或者县级以上人民政府处理。当事人对有关人民政府的处理决定不服的，可以自接到处理决定通知之日起三十日内，向人民法院起诉。在土地所有权和使用权争议解决前，任何一方不得改变土地利用现状。

51 建设用地使用权何时生效？

根据《民法典》第三百四十九条的规定，设立建设用地使用权的，应当向登记机构申请建设用地使用权登记。建设用地使用权自登记时设立。登记机构应当向建设用地使用权人发放建设用地使用权证书。不过，建设用地使用权证书是证明建设用地使用权人的一种书面凭证，而非建设用地使用权人取得建设用地使用权的生效条件。也就是说，建设用地使用权经登记生效，未发放建设用地使用权证书但已经登记的，建设用地使用权有效。

52 建设用地使用权人能否自行改变土地用途？

根据《民法典》第三百五十条的规定，建设用地使用权人应当合理利用土地，不得改变土地用途；需要改变土地用途的，应当依法经有关行政主管部门批准。

53 建设用地使用权转让的使用期限是否可以约定？

根据《民法典》第三百五十四条的规定，建设用地使用权转让、互换、出资、赠与或者抵押的，当事人应当采用书面形式订立相应的合同。使用期限由当事人约定，但是不得超过建设用地使用权的剩余期限。

54 未经登记的建设用地使用权处分行为，能否发生效力?

根据《民法典》第三百五十五条的规定，建设用地使用权转让、互换、出资或者赠与的，应当向登记机构申请变更登记。

55 建设用地使用权可否与地面建筑物分开流转?

根据《民法典》第三百五十六条的规定，建设用地使用权转让、互换、出资或者赠与的，附着于该土地上的建筑物、构筑物及其附属设施一并处分。第三百五十七条规定，建筑物、构筑物及其附属设施转让、互换、出资或者赠与的，该建筑物、构筑物及其附属设施占用范围内的建设用地使用权一并处分。也就是说，不论是建设用地使用权流转，还是建筑物、构筑物以及附属设施的流转，建设用地使用权和建筑物、构筑物以及附属设施都必须一并流转。

56 建设用地使用权期满之后，房屋归谁所有?

根据根据《中华人民共和国城镇国有土地使用权出让和转让暂行条例》(2020）修订（以下简称《城镇国有土地使用权出让和转让暂行条例》）第十二条规定，土地使用权出让最高年限按下列用途确定：（一）居住用地七十年;（二）工业用地五十年;（三）教育、科技、文化、卫生、体育用地五十年;（四）商业、旅游、娱乐用地四十年;（五）综合或者其他用地五十年。与此同时，根据《民法典》第三百五十九条规定，住宅建设用地使用权期限届满的，自动续期。续期费用的缴纳或者减免，依照法律、行政法规的规定办理。非住宅建设用地使用权期限届满后的续期，依照法律规定办理。该土地上的房屋及其他不动产的归属，有约定的，按照约定；没有约定或者约定不明确的，依照法律、行政法规的规定办理。

57 地役权何时设定？

地役权就是指土地相邻的双方当事人约定，一方当事人由于通行、采光、排水、取水、管道铺设等生产，生活，经营等需要，因此而利用另一方当事人的土地或者限制另一方当事人土地的使用，以提高自己的土地效益的一种权利。例如，某房地产开发公司为了能让自己的 A 楼盘获得更好的采光和视野，便与对面 B 楼盘的开发商协定，B 楼盘的开发不得建设高于 10 层的建筑；作为补偿，某房地产公司每年支付 50 万元给 B 楼盘开发商。由此，A 楼盘是需役地，而 B 楼盘则成了供役地。

根据《民法典》第三百七十三条的规定，设立地役权，当事人应当采取书面形式订立地役权合同。地役权合同一般包括下列条款：（一）当事人的姓名或者名称和住所；（二）供役地和需役地的位置；（三）利用目的和方法；（四）地役权期限；（五）费用及其支付方式；（六）解决争议的方法。与此同时，《民法典》第三百七十四条还规定，地役权自地役权合同生效时设立。当事人要求登记的，可以向登记机构申请地役权登记；未经登记，不得对抗善意第三人。由此可见，地役权并不适用于强制登记制度，地役权的期限由当事人自行约定，但是不得超过土地承包经营权、建设用地使用权等用益物权所剩余的期限。需要提醒的是，尽管地役权自合同生效时设立，并不要求强制登记，但采取登记的方式能够有效对抗善意第三人，更有利于保障地役权免于陷入纠纷。

58 地役权能否单独抵押？

根据《民法典》第三百八十一条的规定，地役权不得单独抵押。土地经营权、建设用地使用权等抵押的，在实现抵押权时，地役权一并转让。

59 需役地上的用益物权转让的，受让人可否继续享有地役权？

根据《民法典》第三百八十条的规定，地役权不得单独转让。土地承包经营权、建设用地使用权等转让的，地役权一并转让，但合同另有约定的除外。因此，需役地上的用益物权转让的，除非合同另有约定的，受让人当然继续享有此前设定的地役权。

【案例 2–16】建设用地使用权能否“协议出让”？

2010 年 3 月 18 日，某橡胶公司与当地县政府签订了《橡胶综合利用投资项目投资协议》，协议约定：橡胶公司拟在县政府规划区范围内，投资设立 A 公司，主要经营废旧轮胎回收并再利用业务。同时还约定，以“协议出让”方式将土地提供给投资方作为工业用地。在双方签订合同前，当地县政府为橡胶公司划定了土地。

但 A 公司建成不久，2011 年就被卫星遥感确定为违法用地，橡胶公司于 2011 年 5 月 26 日被要求承担违法占地 50.22 亩的罚款 837 066.85 元。2012 年 6 月，县税务局又向 A 公司收取耕地占用税及滞纳金、罚款 932 426.12 元，并在 2010 年至 2013 年期间要求支付土地勘测等费用 56 000 元。

➡ 律师指引　根据《民法典》第三百四十七条的规定，设立建设用地使用权，可以采取出让或者划拨等方式。工业、商业、旅游、娱乐和商品住宅等经营性用地以及同一土地有两个以上意向用地者的，应当采取招标、拍卖等公开竞价的方式出让。严格限制以划拨方式设立建设用地使用权。可见，对于建设用地使用权的出让与受让方式，《物权法》作出了限制，规定部分地块的建设用地使用权必须采取招标、拍卖等公开竞价的方式出让。

在上述案例中，橡胶公司受让县政府对于地块的建设用地使用权，用以设立 A 公司，从事废旧轮胎回收再利用业务，且在合同中明确土地利用类型为工业用地。根据前述法律规定，工业用地建设用地使用权必须通过招标、拍卖等公开竞价的方式获得。橡胶公司与县政府通过协议出让方式，违反了法律的强制性规定，应当认定无效。

【案例 2-17】设立建设用地使用权是否必须登记？

F 公司于 1992 年 7 月 27 日登记成立，是从事房地产开发、商品房租售的企业法人。1996 年 4 月 15 日，F 公司与黄某签订了当地某片区土地使用权转让协议书。合同约定：F 公司向黄某转让建设用地使用权，转让款为 54 万元，F 公司在收到黄某 50% 土地转让款后办理过户手续，领取土地使用权证。

1997 年 4 月 23 日，黄某向 F 公司汇款 27 万元，F 公司确认黄某支付土地出让款后，将合同约定的土地交付给黄某占有、使用。1997年，黄某在上述土地上建起了一层房屋使用。此后，F公司没有为黄某办理土地使用权证。黄某催办未果，诉至法院，请求确认地块建设用地使用权属于自己所有，要求F公司尽快协助办理过户。

律师指引 根据《民法典》第三百四十九条的规定，设立建设用地使用权的，应当向登记机构申请建设用地使用权登记。建设用地使用权自登记时设立。可知，建设用地使用权的设立以登记为生效要件。

在上述案例中，黄某在与F公司签订建设用地使用权转让协议后，并未办理建设用地使用权登记手续，即使涉讼地块现已交付黄某占有，但黄某依然未取得该地块的建设用地使用权。虽然黄某并未取得建设用地使用权，但其与F公司签订的建设用地使用权转让合同合法有效，双方应切实履行各自合同义务。黄某已经履行了合同项下的付款义务，并接受F公司对涉讼地块的交付，占有、使用了该土地。F公司作为出卖人，应依约协助黄某办理土地使用权证。黄某请求F公司继续履行合同义务，协助办理涉讼土地的建设用地使用权证，合法合理。因此，尽管法院最终没有支持黄某要求确认涉讼地块建设用地使用权归其所有的请求，但判决F公司协助黄某办理过户登记手续。

需要提醒的是，用益物权包含建设用地使用权、宅基地使用权、土地承包经营权、地役权等，各种用益物权的生效要件都不尽相同，具体情况参见下表：

序号	用益物权种类	生效要件
1	建设用地使用权	登记生效制度：建设用地使用权自登记时设立
2	土地承包经营权	登记对抗制度：土地承包经营权自合同生效时设立，未经登记，不得对抗善意第三人

序号	用益物权种类	生效要件
3	宅基地使用权	已经登记的宅基地使用权转让或者消灭的，应当及时办理变更登记或者注销登记
4	地役权	登记对抗制度：地役权自地役权合同生效时设立，未经登记，不得对抗善意第三人

【案例 2-18】尚未办理不动产登记的在建工程，产权归属如何判定?

2004 年 9 月 3 日、9 月 6 日，J 公司与 A 银行某区支行（以下简称“银行支行”）分别签订了《房地产业借款合同》及《抵押合同》。J 公司共计向银行支行借款 8000 万元，借款期限 30 个月，J 公司以坐落于 A 区 2 号楼在建工程提供抵押担保。后因 J 公司未能及时归还贷款，银行提起诉讼，要求将 J 公司抵押的 2 号楼进行拍卖。

2015 年 6 月 15 日，与 J 公司合作建设的 W 公司提出，2 号楼为其与 J 公司合作建设，在建工程的楼房权属为 W 公司所有，银行无权因 J 公司所欠的债务将其拍卖。据法院调查显示，2 号地所附着土地的国有土地使用证、建设工程规划许可证等相关审批手续和建筑设计方案等均登记在 J 公司名下，2 号楼尚未办理不动产登记。W 公司仅持有与 J 公司联合建设 2 号楼的合作开发合同，无其他证据证明 2 号楼为 W 公司所有。

➲ 律师指引　首先，根据《民法典》第三百五十二条规定，建设用地使用权人建造的建筑物、构筑物及其附属设施的所有权属于建设用地使用权人，但有相反证据证明的除外。在上述案例中，2 号楼尚未办理不动产登记，但其国有土地使用证、建设工程规划许可证等相关审批手续和建筑设计方案等均登记在J公司名下，建设用地使用权证载明的权利人为J公司并非W公司。除非W公司能够提出相反证据，否则2号楼应当视为J公司所有。

其次，虽然《民法典》第二百三十一条规定，因合法建造、拆除房屋等事实行为设立或者消灭物权的，自事实行为成就时发生效力。但合法建造取得物权，应当包括两个前提条件：一是必须有合法的建房手续，完成特定审批，取得合法土地权利，符合规划要求；二是房屋应当建成。根据法院查明的事实，房屋的国有土地使用权证、建筑工程规划许可证等登载的权利人均为J公司。也就是说，在房屋开发的立项、规划、建设过程中，J公司是相关行政审批机关确定的建设方，W公司仅依据其与J公司的联建协议，不能直接认定其为《民法典》第二百三十一条规定的合法建造人，并因事实行为而当然取得物权。

在上述案例中，W公司不能因联建行为当然取得2号楼所有权，并且其仅以合作开发合同欲证明2号楼的所有权归属，证明力不足。最终，法院判定2号楼属于J公司所有。

【案例2-19】以建设用地使用权抵押，地上建筑物是否一并抵押?

2007年11月15日，某银行与A公司签订《借款合同》，约定A公司向某银行借款21 000万元，抵押、质押合同另行签订。2007年12月10日，某银行与A公司签订一份《抵押合同》，约定：A公司以其名下36414.02平方米土地为上述借款提供抵押担保。2007年12月20日，双方到国土部门办理了土地他项权利证明书。2009年2月16日，双方又签订一份《抵押合同补充协议》，约定：A公司将其名下另一处

36 414.02 平方米土地及地上建筑物全部抵押给某银行用于对上述借款的担保。2009 年 3 月 2 日，双方到国土部门办理了土地他项权利证明书。地上建筑物为在建项目，未到房产管理部门办理抵押登记手续，仅在土地他项权利证明书内注明了抵押物为土地及地上建筑物。

借款合同签订后，银行分 6 笔向 A 公司发放贷款金额为 21 000 万元。贷款发放后，A 公司分批偿还了贷款本金共计 130 502 576.09 元。贷款全部到期后，银行多次催收，但 A 公司未能履行还款义务。银行要求 A 公司还本付息，并主张对 A 公司提供抵押的土地、地上建筑物享有优先受偿权。A 公司却表示，贷款时抵押的是地块的建设用地使用权，并未抵押地上建筑物。

➡ 律师指引　根据《民法典》第三百九十七条规定，以建筑物抵押的，该建筑物占用范围内的建设用地使用权一并抵押。以建设用地使用权抵押的，该土地上的建筑物一并抵押。抵押人未依据前款规定一并抵押的，未抵押的财产视为一并抵押。

上述案例中，某银行与 A 公司已就土地使用权办理了抵押登记，依法设立了抵押权，尽管在土地他项权利证明书中未注明抵押物包括地上建筑物，但根据《民法典》的规定，地上建筑物也应视为一并抵押，则该土地使用权之抵押权效力及于地上建筑物，某银行亦应就本案享有的债权依法对地上建筑物享有优先受偿权。

《民法典》第三百九十七条规定遵循了房地产交易中“房随地走”和“地随房走”的双向统一原则，其立法意在于重申房地一体的原则，防止引发抵押权实现时的困境，使债权人的利益受到损害。依据该规定，当事人应对土地使用权及其地上建筑物一并抵押，如果当事人未一并抵押时，则法律直接规定“视为一并抵押”，即只要土地使用权或地上建筑物之一项办理抵押登记，即使另外一项没有办理抵押登记，亦依法推定为两者一并抵押。从市场交易的风险防范角度来看，《民法典》确立了房地应一并抵押的原则，因此在设立土地抵押权时，对该土地上的建筑物是否已设定抵押权负有注意义务，并应积极向登记机关进行查询，以避免出现风险，反之亦然。市场主体如果因未尽到上述注意义务而遭受风险，则该损失应由其自行负担。

2019年11月14日发布的《全国法院民商事审判工作会议纪要》将相关规则进一步明确，仅以建筑物设定抵押的，抵押权的效力及于占用范围内的土地；仅以建设用地使用权抵押的，抵押权的效力亦及于其上的建筑物。在房地分别抵押，即建设用地使用权抵押给一个债权人，而其上的建筑物又抵押给另一个人的情况下，可能产生两个抵押权的冲突问题。基于“房地一体”原则，应当将建筑物和建设用地使用权视为同一财产，从而依照《民法典》第四百一十四条的规定确定清偿顺序：登记在先的先清偿；同时登记的，按照债权比例清偿。

应予注意的是，根据《民法典》第四百一十七条规定，建设用地使用权抵押后，该土地上新增的建筑物不属于抵押财产。

【案例2–20】建设用地使用权所剩年限短于购房合同约定的房屋使用年限，是否影响合同效力？

X房地产公司开发的大城项目所在土地系国有出让土地，使用年限约48年，X房地产公司于2011年11月2日取得上述房产项目的预售许可证。2014年9月11日，李某与X房地产公司签订《认购书》，约定李某购买大城项目X幢10层03号房。2014年9月11日，李某向X房地产公司支付认购金（订金）1万元，X房地公司出具相应收据。上述《认购书》签订后，双方在准备签订正式购房合同时，因李某发现土地使用权年限仅剩 48 年而发生争议。

X 房地产公司称，李某签订该认购书前没有专门询问项目土地使用权剩余使用年限，故 X 房地产公司没有告知，但也没有故意隐瞒。李某认为，X 房地产公司故意隐瞒土地使用权期限，骗取其签订认购意向书，要求解除与 X 房地产之间的意向认购书，返还 1 万元订金。双方协商不成，为此闹上法院。

➡ 律师指引　在购买商品房时，购房者一般需关注两个期限：其一为房屋使用年限，其二为房屋所在地块的建设用地使用年限，这两者有时候可能并不一致，房地产开发商拿到地块建设用地使用权后，要经过漫长的前期建造及后期销售过程，当房屋真正售出时，建设用地使用权所剩年限有可能短于购房合同中约定的房屋使用年限。根据《民法典》第三百五十九条的规定，住宅建设用地使用权期限届满的，自动续期。续期费用的缴纳或者减免，依照法律、行政法规的规定办理。非住宅建设用地使用权期限届满后的续期，依照法律规定办理。该土地上的房屋及其他不动产的归属，有约定的，按照约定；没有约定或者约定不明确的，依照法律、行政法规的规定办理。

在上述案例中，根据《民法典》上述法律规定，对于住宅用地，建设用地使用权人无须进行续期申请，在建设用地使用权期间届满时，自动续期。因此，李某购买的大城项目房屋土地使用年限 48 年届满后，土地使用权会自动续期，李某对其购买的大城项目的房屋仍享有物权，合同目的可以实现。

值得提醒的是，虽然《民法典》规定土地使用权期限届满后自动续期，但现行《民法典》并未明确自动续期后房屋所有权人是否必须支付续期费用问题。因此，购房者在选购商品房时，需要审慎核实商品房所附着的地块土地使用权剩余年限，在购房合同中明确土地使用年限要求，最大程度维护自己的权益。

【案例 2-21】建设用地上的地役权在楼盘售出后，是否及于购房者？

A 房地产公司于 2011 年 10 月 31 通过竞标取得了某区 5 号地块土地使用权，并用于实施 A 楼盘房产开发项目，正好与 B 房地产公司实施的 B 楼盘房产开发项目相邻。2011 年 11 月 1 日，双方达成通道使用协议并在协议所附的楼宇卫星图上签字、盖章并备注“A 房地产公司项目占用 B 房地产公司进出通道，已作补偿，宽 6 米左右，A 房地产公司享有永久使用权属，双方签章后产生法律效力”，并注明通道处。

B 房地产公司将 B 楼盘卖出后，小区业主不同意 A 房地产公司继续占用小区的通道。B 楼盘小区业主提出，A 公司与 B 公司签订的地役权合同只能约束合同当事人，现房屋及通道已由小区业主购得，所有权归小区业主所有，为此地役权合同已失去效力。由于 B 楼盘小区业主拒绝 A 房地产公司继续行使地役权，双方发生纠纷。

律师指引 根据《民法典》第三百七十二条的规定，地役权指的是地役权人有权按照合同约定，利用他人的不动产，以提高自己的不动产的效益。他人的不动产为供役地，自己的不动产为需役地。《民法典》第三百八十条还规定，地役权不得单独转让。土地承包经营权、建设用地使用权等转让的，地役权一并转让，但是合同另有约定的除外。也就是说，地役权具有从属性与不可分性，其从属于供役地与需役地，地役权必须与供役地或需役地所有权或者使用权一同转移，不能与供役地或需役地分离而让与，所有权人不得自己保留需役地所有权或者使用权。如果单独将地役权让与他人，或自己保留地役权而将需役地的所有权或使用权转让给他人，供役地以及供役地上的土地承包经营权、建设用地使用权部分转让时，转让部分涉及地役权的，地役权对受让人具有约束力。

在上述案例中，B 小区业主取得房屋所有权后，并不导致 A 房地产公司与 B 房地产公司签订的《地役权合同》无效，也不影响 A 房地产公司行使已经设立的用益物权，相反，B 小区的业主应当受到 A 房地产公司此前所设置的地役权的约束。B 小区业主如认为自己的权益受到损害，可另行向 B 房地产公司主张赔偿。

【案例 2-22】设立地役权是否必须公示登记？

高某与沈某两夫妻系 A 村的村民，其房屋坐落于 A 村 17 号。张某系 B 村村民，其房屋坐落于 B 村后山边 34 号。两家房屋之间相隔一条村界内河、一块荒地及一条乡路。

2014 年 12 月，B 村出具《证明》，内容为“位于 B 村后山边十字路口旁河边龙眼树及周边的土地确系本村村民张某的自留地。”2014 年 12 月 18 日，高某、沈某与 B 村村民张某签订《地役权合同》，约定：为便于高某与沈某通行便利，张某将其位于 B 村后山边十字路口旁河边龙眼树及周边的土地设定地役权给高某与沈某；高某与沈某有权对享有地役权的土地做适当平整或添附以便通行和防盗安全；张某应当保证在高某与沈某享有地役权期间不干涉或影响高某与沈某的使用，也不得通过第三人间接影响高某与沈某的使用。

2014 年间，高某、沈某在其家门口与张某自留地之间的河面上修建了一座水泥桥。之后，张某在自留地靠乡路一侧用石条堆起石墙。后双方因地役权问题产生争议。张某提出，当时设定地役权没有登记，所以高某与沈某设立的地役权并没有成立。

律师指引 根据《民法典》第三百七十四条的规定，地役权自地役权合同生效时设立。当事人要求登记的，可以向登记机构申请地役权登记；未经登记，不得对抗善意第三人。也就是说，地役权在合同生效时设立，不以登记为生效要件。

在上述案例中，高某、沈某与张某订立《地役权合同》系双方真实意思表示，并未违反法律、行政法规的强制性规定，且地役权的设立并不以登记为生效条件，因此，高某与沈某已经于 2014 年 12 月 18 日（地役权合同生效日）合法取得地块的地役权。

尽管地役权的设立不以登记为生效要件，但未经登记的地役权不得对抗善意第三人。因此，需要提醒的是，设立地役权进行登记更有利于保障地役权人的利益。

【案例 2-23】需役地被征用，地役权合同能否解除？

王小闹（化名）与王小秀（化名）系同村人。2016 年，因王小闹在所租土地上建房等活动需要从王小秀的土地经过，经双方协商，王小秀作为甲方、王小闹作为乙方签订了合同书一份，合同约定："因走路换地一亩，王小秀收取王小闹出地路管理费。"但该合同没有说明使用时间。合同书签订后，王小秀收取了管理费，并同意王小闹从其门前土地上通行。

2017 年 4 月，王小闹所建房屋拆除，不再需要使用王小秀的土地。此后，王小闹和王小秀的土地均被政府征收修建大路，征收补偿款由王小秀、王小闹各自领取。此时王小闹提出，双方应当解除地役权合同；但王小秀认为，应当继续履行地役权合同。双方为此闹上了法院。

➲ 律师指引 根据《民法典》第三百七十七条的规定，地役权期限由当事人约定，但是不得超过土地承包经营权、建设用地使用权等用益物权的剩余期限。也就是说，设立地役权是有期限限制的，即不能超过土地承包经营权、建设用地使用权等用益物权的剩余期限。同时，根据《民法典》第五百三十三条规定，合同成立后，合同的基础条件发生了当事人在订立合同时无法预见的、不属于商业风险的重大变化，继续履行合同对于当事人一方明显不公平的，受不利影响的当事人可以与对方重新协商；在合理期限内协商不成的，当事人可以请求人民法院或者仲裁机构变更或者解除合同。人民法院或者仲裁机构应当结合案件的实际情况，根据公平原则变更或者解除合同。

在上述案例中，王小闹与王小秀的土地均被政府征收，供役地与需役地的所有权变更，地役权存续的基础已经不存在。为此，法院最终判决双方的地役权合同解除。

【案例 2-24】未经用益物权人同意，土地所有权人能否设立地役权？

吴某与冯某家地处 A 村与 B 村交界处，两家相距约 3 千米路程。2017 年 8 月底，吴某沿两村连接公路铺设水管到冯某房屋旁公路上方约 500 米处的小溪引水，途中水管经过冯某承包经营的山林，且水管未经掩埋。吴某铺设水管后，冯某以铺设水管、引用水源没有经过其同意为由，将水管接口拔出。

冯某生活用水引用的同为小溪水源，且附近仅冯某一户人家使用，经过勘查，该小溪水流量不足。吴某之前使用的是其住所地附近的水源，其称因水源不足、水质差，故不得不引用冯某处水源。吴某还称，自己取得了牛庄乡 B 村村委会的同意才铺设水管的。后来，吴某与牛庄乡 B 村村委会、冯某就吴某是否对冯某承包经营山林是否享有地役权问题，产生纠纷。

律师指引 根据《民法典》第三百七十九条的规定，土地上已经设立土地承包经营权、建设用地使用权、宅基地使用权等用益物权的，未经用益物权人同意，土地所有权人不得设立地役权。即如果土地已经事先设置其他用益物权的，再设置地役权时应当经用益物权人同意。

在上述案例中，冯某的山林所在林地属于 B 村村集体所有，后 B 村将该林地土地承包经营权转让给冯某，冯某为该林地的土地承包经营权人，即用益物权人。如若要在该林地设置地役权，应当经过 B 村村集体及冯某的同意。但是，吴某擅自在林地开辟小道，尽管经过所有权人 B 村村委会的同意，但没有经过用益物权人冯某的同意，因此其就该地块不享有地役权。吴某的行为侵害了冯某合法权益，冯某有权要求排除妨碍、恢复原状。

第三章　小区物权

第一节　业主的专有与共有物权

60 小区业主享有哪些权利？

根据《民法典》第二百七十二条的规定，业主对其建筑物专有部分享有占有、使用、收益和处分的权利。业主行使权利不得危及建筑物的安全，不得损害其他业主的合法权益。即小区业主享有专有部分所有权。

根据《民法典》第二百七十三条的规定，业主对建筑物专有部分以外的共有部分，享有权利，承担义务；不得以放弃权利为由不履行义务。业主转让建筑物内的住宅、经营性用房，其对共有部分享有的共有和共同管理的权利一并转让。即小区业主享有共有部分共有权。

根据《民法典》第二百七十八条的规定，下列事项由业主共同决定：（一）制定和修改业主大会议事规则；（二）制定和修改管理规约；（三）选举业主委员会或者更换业主委员会成员；（四）选聘和解聘物业服务企业或者其他管理人；（五）使用建筑物及其附属设施的维修资金；（六）筹集建筑物及其附属设施的维修资金；（七）改建、重建建筑物及其附属设施；（八）改变共有部分的用途或者利用共有部分从事经营活动；（九）有关共有和共同管理权利的其他重大事项。业主共同决定事项，应当由专有部分面积占比三分之二以上的业主且人数占比三分之二以上的业主参与表决。决定前款第六项至第八项规定的事项，应当经参与表决专有部分面积四分之三以上的业主且参与表决人数四分之三以上的业主同意。决定前款其他事项，应当经参与表决专有部分面积过半数的业主且参与表决人数过半数的业主同意。

61 小区业主是否可以将住宅改为经营性用房？

根据《民法典》第二百七十九条的规定，业主不得违反法律、法规以及管理规约，将住宅改变为经营性用房。业主将住宅改变为经营性用房的，除遵守法律、法规以及管理规约外，还应当经有利害关系的业主一致同意。例如，业主擅自改变房屋结构格局用于群居出租，有可能损害其他业主的安全及合法权益的时候，就属于侵犯其他业主的行为。那么，其他业主则有权要求其停止该行为，并要求对因此造成的损害进行赔偿。

62 开发商是否有权将小区绿地改为停车场？

根据《民法典》第二百七十四条的规定，建筑区划内的道路，属于业主共有，但是属于城镇公共道路的除外。建筑区划内的绿地，属于业主共有，但属于城镇公共绿地或者明示属于个人的除外。建筑区划内的其他公共场所、公用设施和物业服务用房，属于业主共有。《民法典》第二百七十五条、第二百七十六条规定，建筑区划内，规划用于停放汽车的车位、车库应当首先满足业主的需要。建筑区划内，规划用于停放汽车的车位、车库的归属，由当事人通过出售、附赠或者出租等方式约定。占用业主共有的道路或者其他场地用于停放汽车的车位，属于业主共有。由此可见，由于小区内的道路、绿化带、公共场所、公共设施、物业服务用房等均属于小区业主共同所有，因此，如果开发商擅自将小区绿地改为停车场，是侵权行为。

63 业主如何分摊、分配建筑物及其附属设施费用或收益?

根据《民法典》第二百八十三条的规定，建筑物及其附属设施的费用分摊、收益分配等事项，有约定的，按照约定；没有约定或者约定不明确的，按照业主专有部分面积所占比例确定。同时，《民法典》第二百七十三条还规定，业主对建筑物专有部分以外的共有部分，享有权利，承担义务；不得以放弃权利为由不履行义务。业主转让建筑物内的住宅、经营性用房，其对共有部分享有的共有和共同管理的权利一并转让。

64 顶楼业主在住宅楼顶自建花园，是否侵权?

小区住宅楼顶属于业主共有部分，不归任何个别业主专有，因此，顶楼业主未经过其他共有人的同意，擅自在楼顶自建花园的行为，侵犯了其他业主的权利。根据《民法典》第二百八十六条的规定，业主应当遵守法律、法规以及管理规约，相关行为应当符合节约资源、保护生态环境的要求。对于物业服务企业或者其他管理人执行政府依法实施的应急处置措施和其他管理措施，业主应当依法予以配合。业主大会或者业主委员会，对任意弃置垃圾、排放污染物或者噪声、违反规定饲养动物、违章搭建、侵占通道、拒付物业费等损害他人合法权益的行为，有权依照法律、法规以及管理规约，请求行为人停止侵害、排除妨碍、消除危险、恢复原状、赔偿损失。业主或者其他行为人拒不履行相关义务的，有关当事人可以向有关行政主管部门报告或者投诉，有关行政主管部门应当依法处理。

65 业主违章搭建影响小区通行，谁有权主张维权？

小区道路的通行权属于共有部分共有权，违章搭建损害部分业主或者全体业主的通行权利时，可以由三个途径进行维权：（1）根据《民法典》第二百八十六条规定，业主应当遵守法律、法规以及管理规约。业主大会和业主委员会，对任意弃置垃圾、排放污染物或者噪声、违反规定饲养动物、违章搭建、侵占通道、拒付物业费等损害他人合法权益的行为，有权依照法律、法规以及管理规约，要求行为人停止侵害、消除危险、排除妨害、赔偿损失。业主对侵害自己合法权益的行为，可以依法向人民法院提起诉讼。（2）受到侵害的业主个人根据（《中华人民共和国民事诉讼法》以下简称《民事诉讼法》）等法律的规定，向人民法院提起诉讼。（3）共同受到侵害的业主，推选代表人，依据《民事诉讼法》等法律的规定，向人民法院提起诉讼。

66 物业公司决定改建小区物业管理用房，是否需要经过业主同意?

根据《民法典》第二百七十八条的规定，下列事项由业主共同决定:（一）制定和修改业主大会议事规则;（二）制定和修改管理规约;（三）选举业主委员会或者更换业主委员会成员;（四）选聘和解聘物业服务企业或者其他管理人;（五）使用建筑物及其附属设施的维修资金;（六）筹集建筑物及其附属设施的维修资金;（七）改建、重建建筑物及其附属设施;（八）改变共有部分的用途或者利用共有部分从事经营活动;（九）有关共有和共同管理权利的其他重大事项。业主共同决定事项，应当由专有部分面积占比三分之二以上的业主且人数占比三分之二以上的业主参与表决。决定前款第六项至第八项规定的事项，应当经参与表决专有部分面积四分之三以上的业主且参与表决人数四分之三以上的业主同意。决定前款其他事项，应当经参与表决专有部分面积过半数的业主且参与表决人数过半数的业主同意。由此可见，改建小区物业管理用房属于上述《民法典》规定的第（七）项事项，应当由业主共同决定，同时必须经参与表决专有部分面积四分之三以上的业主且参与表决人数四分之三以上的业主同意方可。

【案例 3-1】住宅楼架空层是否属于业主所有?

花园小区是某城建公司于 20 世纪 80 年代末开发的商品房住宅小区。小区内主建筑物为三栋 18 层住宅楼，小区共有商品房 1140 套。城建公司自 1988 年开始对外预售，现已全部入住。由于三栋花园小区底层均规划设计为公共开放空间（下称“架空层”），净空为 4.5 米，城建公司向小区业主交房后，又改变花园小区架空层结构及公共开放空间的设计功能，将各栋大厦架空层违章改建成商业铺位，并对外出租。

花园小区全体业主认为，城建公司的行为严重侵害其业主权益，要求城建公司赔偿损失。但是城建公司认为，住宅楼的架空层不属于花园小区业主所有，其独立于花园小区，建设时单独履行了报建手续，应当属于城建公司所有。

律师指引 根据《民法典》第二百七十一条的规定，小区业主对住宅及经营性用房的专有部分享有所有权，对于专有部分以外的共有部分共同共有，共同管理。根据《最高人民法院关于审理建筑物区分所有权纠纷案件具体应用法律若干问题的解释》(2020 修正) 第二条的规定，专有部分是建筑区划内具有“构造上的独立性、利用上的独立性以及可登记所有权”的房屋以及车位、摊位等特定空间，规划上专属于特定房屋且已被列入房屋买卖合同的露台等也属于专有部分的组成部分。建筑物专有部分以外的剩余部分为共有部分。结合《最高人民法院关于审理建筑物区分所有权纠纷案件具体应用法律若干问题的解释》(2020 修正) 第三条之规定，建筑物的基础、承重结构、外墙、屋顶等基本结构部分，通道、楼梯、大堂等公共通行部分，消防、公共照明等附属设施、设备，避难层、设备层或者设备间等结构部分都属于共有部分。

在上述案例中，架空层属于花园小区整体结构的一部分，是该住宅楼的附属设施，属于花园小区业主的共有部分，应由花园小区全体所有权人共同管理，因此，城建公司进行改建的行为属于侵权行为。

【案例 3-2】如何判断小区车位属于共有还是应当付费购买?

2006 年 8 月 14 日，Z 公司取得 A 市某区的国有土地使用权共计 7957.09 平方米后，在该建设用地建设花园小区。2010 年 7 月 19 日，建设局作出花园小区总平布局及规划建筑方案的审查批复，原则同意其建筑方案。方案中，预设停车泊位 144 个（室内停车泊位 56 个，室外 88 个）。

后来，Z 公司将上述 144 个车位出售，遭到小区业主的反对。业主们认为，一是车位均没有产权登记，二是车位占用了小区的公共道路和公共空间，应当属于小区业主共有，不应当出售。

➡ 律师指引　根据《民法典》第二百七十五条、第二百七十六条的规定，建筑区划内，规划用于停放汽车的车位、车库应当首先满足业主的需要。建筑区划内，规划用于停放汽车的车位、车库的归属，由当事人通过出售、附赠或者出租等方式约定。占用业主共有的道路或者其他场地用于停放汽车的车位，属于业主共有。由此，判断小区内的车位属于共有还是应当付费购买，应当从车位所占的位置是否占用了业主共有的道路或者其他场地用于停放汽车的车位（即车位所在的位置是否属于专有部分）来看，如果占用公共道路或者不属于专有部分，一般为业主共有车位。此外，车位能否办理产权证也是重要衡量因素之一，如车位不能取得独立的产权登记，就不能进行出售，则很有可能认定为小区业主共有车位。

在上述案例中，144 个停车位均占用业主共有的道路或公共场地，且无法取得独立的产权登记手续，系 Z 公司按照规划建设的附属设施，该附属设施归属于全体业主。

【案例 3-3】室内装修改建，不影响整体结构就不侵权？

李某与张某系楼上楼下邻居，两家房屋布局相同，均为四房两厅三卫结构。其中，房屋套内东部从南向北房间布局分别为主卧室、衣帽间、主卧卫生间，主卧卫生间西侧与北卧室相邻。李某邀请施工方某装修公司为自己的 601 室房屋进行装修。某装修公司将原应安装在主卧卫生间内的盥洗台拆除，另在衣帽间布设给水、排水管道，在衣帽间内安装盥洗台。

601 室在装饰、装修时，楼下 501 室的张某发现楼上装修改动较大，担心可能造成渗漏，为此通过小区物业管理公司要求 601 室停止施工、恢复原状。但某装修公司表示只是室内装修的调整，不会影响整体结构，也不会造成渗漏。为此，李某并没有要求装修公司为自己的房屋停止装修施工。无奈，张某遂起诉至法院。

➡ 律师指引　根据《民法典》第二百七十二条的规定，业主对其建筑物专有部分享有占有、使用、收益和处分的权利。业主行使权利时不得危及建筑物安全，不得损害其他业主的合法权益。可见，小区业主对于自己购买的房屋享有所有权，对房屋具有占有、使用、收益、处分的权利，可以自行设计房屋的布局功能及对房屋进行装饰装修，但其行使上述权利应在合理的限度内，应以不违反法律、法规、管理规约、保障建筑物安全、不损害他人合法权益为限。

在上述案例中，尽管装修施工方承诺不会影响房屋整体结构，但擅自在衣帽间改装了盥洗台，而衣帽间原本设计建造时没有防水要求，不具备防水功能，在衣帽间布设给水、排水管道、安装盥洗台，可能造成漏水，对楼下张某的房屋使用造成潜在的危险。因此，李某应当将衣帽间的盥洗设施拆除，恢复原状使用。在一栋整体建筑中，各业主所享有的专有所有权是相对独立又高度统一的整体，确保建筑物整体的安全，各业主才能无障碍地享有专有部分所有权。

【案例 3–4】将住宅改为经营性用房，是否需要邻居同意？

陈某与杨某均是光明小区住户，陈某住 2 楼 3 号，杨某住 1 楼 3 号。陈某家住房在杨某住房楼上，二人的房屋为同一布局。2008 年起，杨某将住房租给唐某，唐某将该房用于经营餐馆；2010 年 12 月，唐某又将该门面与住房转租给龙某继续经营。

在经营过程中，由于餐饮店每天早上 5 点开始营业，搅拌机的声音及餐馆产生的油烟给陈某造成了很大的困扰，窗户也不能打开。陈某与杨某、龙某因噪声、油烟等问题多次协商未果后，将杨某、龙某告上法庭。

➔ 律师指引　我国法律并未对经营性用房有明确的定义，一般而言，经营性用房是指用于商业、工业、旅游、办公等经营性活动的房屋，住宅的用途主要是生活居住，两者因用途不同而有本质区别。将住宅改造为经营性用房受到一定限制，根据《民法典》第二百七十九条的规定，业主不得违反法律、法规以及管理规约，将住宅改变为经营性用房。业主将住宅改变为经营性用房的，除遵守法律、法规以及管理规约外，应当经有利害关系的业主同意，即业主将住宅改为经营性用房的需要满足两个条件，其一为遵守法律、法规以及管理规约，其二为已取得利害关系的业主同意。同时，根据《最高人民法院关于审理建筑物区分所有权纠纷案件具体应用法律若干问题的解释》(2020 修正)

第十条、第十一条的规定，同一栋建筑物内的其他业主以及同一栋建筑物之外能够证明其房屋价值、生活质量受到或者可能受到不利影响的业主，属于“利害关系业主”；业主将住宅改变为经营性用房，未依法经有利害关系的业主同意，有利害关系的业主请求排除妨害、消除危险、恢复原状或者赔偿损失的，人民法院应予支持。

在上述案例中，杨某与龙某擅自将租用的住宅改造为经营性用房，且对陈某的生活造成不利影响，陈某有权要求其停止经营行为，将房屋恢复为住宅之用。

需要提醒的是，由于将住宅改造为经营性用房会使小区外来人员流动性增加，占用小区业主共有部分资源，如公共停车位、公共道路等，同时部分经营业务还会对附近的业主带来直接的生活影响。为了维护小区业主的整体利益，作为改造住宅为经营性用房的业主，需要在遵守法律法规及管理规约的基础上征得利害关系人的同意后进行改造；可能因住宅改为经营性用房受到侵害的业主，可以向物业管理机构进行投诉、举报，也可以通过法律手段维护权益。

第二节　相邻关系

67 相邻权与地役权有何区别？

相邻权指的是不动产的所有人或者使用者在处理相邻关系时所享有的权利。具体而言，在相互毗邻的不动产的所有人或者使用者之间，任何一方为了合理行使其所有权或者使用权，享有要求其他相邻方提供便利或者接受一定限制的权利。

地役权是指为了自己的使用、经营等方便、利益而使用别人的土地的权利。一般来讲，地役权的设定必须要两个不同归属的土地存在，为他人利用而提供便利条件的土地叫作供役地，获得便利条件而得以使用或经营的叫需役地。

上述两者的区别如下表：

序号	区别	相邻权	地役权
1	救济请求权不同	受到损害后不能直接以相邻关系为基础提起损害赔偿诉讼，而应当提起所有权受到妨害之诉	受到损害之后，可以直接提起地役权受损害的请求之诉
2	提供便利的内容不同	为了调和不同所有权人之间的权利，对各方权利给予一定的限制，使大家共同方便，为了达到能够合理使用的最低标准	为了使所有权人的权利得到更好的行使，获得约定的便利条件，是一个相对比较高的标准
3	相邻关系密切程度不同	一般发生在毗邻的不动产之上	不要求互相毗邻，甚至相隔很远的土地之间都可以通过协议来得到有效的利用或经营
4	是否有偿不同	一般是无偿的	一般都是有偿的

68 楼上邻居安装燃气管线，楼下住户是否有提供便利的义务？

根据《民法典》第二百九十二条的规定，不动产权利人因建造、修缮建筑物以及铺设电线、电缆、水管、暖气和燃气管线等必须利用相邻土地、建筑物的，该土地、建筑物的权利人应当提供必要的便利。如果楼上邻居不经过楼下的房屋就不能安装管线，而此管道又是楼上房屋所有权人必需的，则楼上管线的安装有权通过楼下进行安装，楼下住户应当提供一定便利。但是，安装时，楼上业主应当选择损害最小的方式，如果造成损害的，应该支付赔偿。

69 利用相邻不动产便利的，是否应当给付费用?

根据《民法典》第二百九十六条的规定，不动产权利人因用水、排水、通行、铺设管线等利用相邻不动产的，应当尽量避免对相邻的不动产权利人造成损害。也就是说，为了调和不同所有权人之间的权利，相邻权对各方权利给予了一定的限制，使大家共同方便，为了达到能够合理使用的最低标准，一般情况是无偿的。但是，应当遵循必要原则和损害最小原则，如确实造成损害的，应当赔偿损失。

【案例 3–5】被影响通风、采光，房屋所有权人能否要求相邻方拆除建筑物?

郭某于 20 世纪 80 年代中期通过购买方式取得某县一院落，用于自住，内有砖木结构正房三间。1994 年 10 月 19 日，县土地管理局为郭某颁发了国有土地使用证，确认该院落占地用途系宅基地，面积为 196 平方米，其中建筑占地 60 平方米。1997 年 4 月 7 日，郭某办理了该处住宅的权属登记手续。

2013 年，F 房地产公司经相关行政管理部门批准，在郭某住所南面建造真爱小区住宅楼，该楼主体高度 21.95 米，阁楼高度 3.30 米，与郭某南房外墙间距 27.09 米。该住宅楼竣工后，郭某发现其两排房屋的采光、日照受到严重影响，与 F 房地产公司就采光受到影响的赔偿问题多次交涉未果后提起诉讼，请求法院判决 F 房地产公司拆除已建造完毕的住宅楼并赔偿损失 300 000 元。

在诉讼过程中，郭某申请对其房屋的日照情况进行鉴定。经鉴定，郭某住宅的两排房屋日照时间均不符合大寒日 3 小时国家日照采光标准（“大寒日 3 小时国家日照采光标准”为国标《城市居住区规划设计规范》明确标准）。

律师指引 根据《民法典》第二百九十三条的规定，建造建筑物，不得违反国家有关工程建设标准，不得妨碍相邻建筑物的通风、采光和日照。结合《中华人民共和国民法通则》(以下简称《民法通则》) 第八十三条的规定，不动产的相邻各方，应按照有利生产、方便生活、团结互助、公平合理的精神，正确处理截水、排水、通行、通风、采光等方面的相邻关系。给相邻方造成妨碍或损失的，应当停止侵害，排除妨碍，赔偿损失。可见，相邻不动产权人不能妨碍相邻建筑物的通风、采光及日照，随意修建建筑物。我国建筑物相邻关系制度中，有关日照、通风、采光的妨碍行为的判断，系以国家《建筑采光设计标准》、《城市居住区规划设计规范》等工程建设标准的内容为基本判断标准。

在上述案例中，F 房地产公司建设的建筑物遮挡郭某住宅采光，经鉴定郭某住宅采光不符合国家标准，法院确认 F 房地产公司建筑物影响郭某住宅采光。但从社会资源的有效利用角度考虑，如拆除影响采光、日照的建筑，将造成社会资源的严重浪费，法院酌情判决 F 房地产公司赔偿 300 000 元，但对郭某请求将 F 房地产公司拆除建筑的诉求未予支持。结合我国司法实践来看，因其他建筑物遮挡房屋采光而起诉请求拆除该建筑物的，基于社会资源的有效利用角度考量，有时不会直接判决拆除该建筑物，但会酌情判给相应的赔偿或补偿。

【案例 3-6】相邻关系人是否必须为不动产权利人提供通行便利?

钱某与吴某均为 Q 村村民，二人分别承包了位于 Q 村的两块相邻的耕地。吴某的耕地与钱某的耕地交界处有一条山水沟，钱某需要通过该条山水沟中间部分才能进入自己的田地。

2017 年 10 月，因政府修水泥路，该条山水沟被暂时隔断，吴某借机将山水沟中间部分改造为自己的耕地。但此后，钱某进入自己的耕地十分不方便，需要通过该山水沟才能到地里耕种庄稼。由于山水沟被占用，生产通道被破坏，他提出吴某应当恢复一条长 80 米、宽 4 米的通道。但吴某认为，没有义务为钱某开辟该通道，双方就此发生争执。

➡ 律师指引　根据《民法典》第二百九十一条的规定，不动产权利人对相邻权利人因通行等必须利用其土地的，应当提供必要的便利。

在上述案例中，吴某与钱某承包的耕地因地理位置邻近而发生了法律规定的相邻关系，双方在行使相关权利时，应当给予对方必要的通行方便。钱某利用该山水沟作为生产小路，不违反法律的规定，吴某未取得相关部门的审批，擅自将山水沟平整为耕地的行为，侵害了钱某的相邻通行权，钱某要求吴某停止侵权、排除妨碍、恢复生产道路合理合法。

值得注意是，不动产权利人能否要求相邻权利人提供便利，重要判断标准之一为其“必须”利用相邻土地。所谓“必须”利用，是指这种利用具有必要性与合法性，利用相邻权利关系人土地的理由客观存在并且充分。如果这种利用不是必须的，不动产权利人经过努力可以自己解决，相邻权利人可以拒绝向其提供便利。

【案例 3-7】邻居房屋出租，噪声影响生活，可否要求精神损害赔偿？

李某系 903 室的业主，宋某系同一栋楼 803 室的业主。李某将其房屋外租给娱乐场所人员住宿，租客流动频繁，作息不规律，噪声较大并且经常持续至凌晨三四点。

由于宋某住在 903 室楼下，夜间长期被噪声困扰，对其正常生活、工作造成了严重影响。在这期间，宋某多次与李某协商未果。后宋某因不堪其扰选择报警，但是矛盾依然没有很好地解决，最终宋某将李某告上法庭，要求其排除妨碍停止噪声侵害、赔礼道歉及赔偿损失。

➲ **律师指引** 根据《民法典》第二百九十四条的规定，不动产权利人不得违反国家规定弃置固体废物，排放大气污染物、水污染物、土壤污染物、噪声、光、电磁辐射等有害物质。因此，不动产权利人不得随意制造噪声污染，影响相邻不动产权人生活，否则属于侵犯其他相邻不动产权利人相邻权的行为，相关权利人可要求其停止侵害、消除危险、排除妨害、赔偿损失。结合《最高人民法院关于确定民事侵权精神损害赔偿责任若干问题的解释》(2020 修正）第一条规定，因人身权益或者具有人身意义的特定物受到侵害，自然人或者其近亲属向人民法院提起诉讼请求精神损害赔偿的，人民法院应当依法予以受理。由此可知，违反《民法典》等相关规定制造噪声严重影响相邻不动产权人健康权等人格权，造成严重后果的，应当赔偿精神损失。

在上述案例中，李某与宋某作为相邻不动产权人，应当给予彼此必要的生活便利。李某将房屋出租后，租客制造的噪声已严重影响到邻居宋某的生活，李某应当排除对宋某产生的噪声污染妨害。在本案中，法院酌情判决了李某向宋某支付800元的精神损害赔偿。

第三节 物业服务与小区管理

70 业主可否任意解聘物业管理公司?

《民法典》第二百八十四条规定，业主可以自行管理建筑物及其附属设施，也可以委托物业服务企业或者其他管理人管理。对建设单位聘请的物业服务企业或者其他管理人，业主有权依法更换。《物权法》第八十二条规定，物业服务企业或者其他管理人根据业主的委托管理建筑区划内的建筑物及其附属设施，并接受业主的监督。可见，业主与物业管理公司之间是委托关系，业主有权解聘物业管理公司。但是，解聘必须要按照法律规定的要求进行，即《民法典》第二百七十八条的有关规定，应当经过专有部分占建筑物总面积过半数的业主且占总人数过半数的业主同意。

71 业主是否必须遵守业主大会的决定?

根据《物业管理条例》第七条的规定，业主在物业管理活动中，履行下列义务:（一）遵守管理规约、业主大会议事规则;（二）遵守物业管理区域内物业共用部位和共用设施设备的使用、公共秩序和环境卫生的维护等方面的规章制度;（三）执行业主大会的决定和业主大会授权业主委员会作出的决定;（四）按照国家有关规定交纳专项维修资金；（五）按时交纳物业服务费用；（六）法律、法规规定的其他义务。根据该规定的第（三）项，业主应当遵守业主大会的决定。但是，业主大会或者业主委员会所作出的决定侵害业主合法权益的除外，受侵害的业主可以请求人民法院予以撤销。

【案例 3–8】不使用住房，能否不缴纳物业管理费用？

某市 C 大厦共 11 层，建筑面积共 4242 平方米，共有张某甲在内的 8 个业主。自 2006 年起，经全体业主会议一致同意 C 大厦房屋建筑共用部位的维修、养护和管理，共用设施设备维修、养护，公共环境卫生，公共秩序维护等由 A 物业公司提供物业服务，并且约定由 A 物业公司先行垫付卫生保洁、安保人员工资，电梯维保、墙体保险等费用，再由各业主按照各自产权面积分摊费用。2013 年 1 月 1 日，8 位业主与 A 物业公司签订书面的《物业管理委托服务合同》，委托 A 物业公司实行相关物业管理，委托管理期限为一年。此后，双方未再签订书面物业服务合同，但 A 物业公司仍向 C 大厦 8 位业主提供物业服务，张某甲亦按时向 A 物业公司交纳物业分摊费至 2016 年 10 月 30 日。

2016 年 11 月，张某甲撤离 C 大厦，自撤离后再未支付过物业管理费用。A 物业公司要求张某甲支付拖欠的物业管理费（张某甲仍为 C 大厦业主之一），但张某甲认为其自搬离 C 大厦，房屋处于空置状态，其未享受过 A 物业管理公司的物业服务，不应当向 A 物业管理公司支付相关物业管理费用。

➲ 律师指引　根据《民法典》第二百七十三条第一款的规定，业主对建筑物专有部分以外的共有部分，享有权利，承担义务；不得以放弃权利为由不履行义务。也就是说，小区业主对于共有部分履行相应义务时不必然以享受相关权利为前提，因此小区业主不使用房屋时也负有交纳物业管理相关费用的义务。

在上述案例中，张某甲为 C 大厦 8 个业主之一，对于 C 大厦业主共有部分应当履行相应的义务，且不得以放弃权利为由不履行义务。聘请物业公司提供物业服务属于业主对共有部分的管理活动之一，虽然张某甲于 2016 年 11 月搬离 C 大厦，相关房屋处于空置状态，其并未享受到 A 物业公司提供的服务，但是无论张某甲是否使用房屋，A 物业公司提供物业服务是客观存在的，张某甲应当就此支付物业管理费。

【案例 3–9】房屋楼顶维修，小区业主按何种比例分摊费用？

A 市某小区 1 号楼房共有四层。其中，负一层（建筑面积 110.07 ㎡）产权属孙某所有，第一层（建筑面积 135.98 ㎡）和第二层（建筑面积 135.98 ㎡）产权均登记在甲公司名下，第三层（房屋建筑面积 135.98 ㎡）房屋产权登记在邱某名下。前述房屋属同一幢楼房。

由于该房屋楼顶存在漏雨情形，邱某于 2014 年 10 月 26 日组织刘某等人对该楼房屋顶进行修缮，并于 2015 年 10 月 27 日支付了屋顶维修费 17 000 元。2015 年 8 月 27 日，刘某开具发票一张，发票载明：刘某收到邱某维修费用 17 000 元。

2015 年 7 月 11 日，邱某与小区 1 号楼房其他业主协商分担补漏费用，但因沟通无果，邱某以其他业主为被告提起诉讼，请求分摊维修费用。

➲ 律师指引　根据《民法典》第二百八十三条的规定，建筑物及其附属设施的费用分摊、收益分配等事项，有约定的，按照约定；没有约定或者约定不明确的，按照业主专有部分面积所占比例确定。根据上述法律规定，在没有约定的情况下，小区业主对建筑物及其附属设施的费用应按照业主专有部分占建筑物总面积的比例分摊。《最高人民法院关于审理建筑物区分所有权纠纷案件具体应用法律若干问题的解释》（2020 修正）第三条规定，除法律、行政法规规定的共有部分外，建筑区划内的以下部分，也应当认定为《民法典》第二编第六章所称的共有部分：（一）建筑物的基础、承重结构、外墙、屋顶等基本结构部分，通道、楼梯、大堂等公共通行部分，消防、公共照明等附属设施、设备，避难层、设备层或者设备间等结构部分；（二）其他不属于业主专有部分，也不属于市政公用部分或者其他权利人所有的场所及设施等。建筑区划内的土地，依法由业主共同享有建设用地使用权，但属于业主专有的整栋建筑物的规划占地或者城镇公共道路、绿地占地除外。

在上述案例中，孙某、甲公司、邱某同属一栋房屋的业主，屋顶属于各业主共有部分，各业主共同享有收益，负有共同进行维修管理的义务。由于各业主就建筑物及其附属设施的费用分摊比例没有事先进行约定，邱某组织进行维修房屋所产生的维修费用应当由各业主按专有部分占建筑物总面积的比例支付。

【案例 3-10】物业公司能否就业主行为侵害其他业主利益提起诉讼？

A 小区由 W 物业公司负责管理。高某系 A 小区业主，他领取了所购房屋的钥匙后对房屋进行装修，装修时在其房屋门外的公共过道安装了防盗门，将楼道中的部分共有面积变成专有面积。

W物业公司多次劝说整改无效后，以高某的行为妨碍通风采光，妨碍检查维护设备。占用消防救援等待区，对小区其他业主的生活造成极大影响，破坏小区安全环境为由，于2015年4月21日将高某诉至法院。

律师指引 根据《民法典》第二百八十五条规定，物业服务企业或者其他管理人根据业主的委托，依照本法第三编有关物业服务合同的规定管理建筑区划内的建筑物及其附属设施，接受业主的监督，并及时答复业主对物业服务情况提出的询问。物业服务企业或者其他管理人应当执行政府依法实施的应急处置措施和其他管理措施，积极配合开展相关工作。《物业管理条例》第四十五条也规定，对物业管理区域内违反有关治安、环保、物业装饰装修和使用等方面法律、法规规定的行为，物业服务企业应当制止，并及时向有关行政管理部门报告。有关行政管理部门在接到物业服务企业的报告后，应当依法对违法行为予以制止或者依法处理。由此可知，物业管理公司仅为提供物业管理服务的企业，并非小区业主的自治组织，无权代表小区业主提起或参与诉讼。

在上述案例中，当W物业公司发现高某有违反物业装修和使用的行为时，应当予以制止，如制止无效，应及时向业主委员会报告，亦可向规划、城建、环保、消防等政府部门报告，请求相关部门对违法情况作出处理。但是，W物业公司无权以维护小区业主利益为由提起诉讼，其不具备该类型诉讼的诉讼主体资格。

【案例 3–11】物业公司违反法定程序使用公共维修基金，业主如何救济？

2011 年 12 月 20 日，Y 小区业主委员会与 Z 物业管理有限责任公司签订《物业管理服务合同》，Y 小区业主委员会委托 Z 物业管理有限责任公司对 Y 小区实行物业管理，委托管理期限为一年，从 2011 年 12 月 20 日至 2012 年 12 月 20 日止。双方还就委托管理事项、物业管理公司服务标准、物业管理服务费用和违约责任等达成了协议。

2012 年，Z 物业管理有限责任公司以 Y 小区业主委员会名义向市房地产管理局申请 10 000 元公共维修基金，用于建盖物业管理用房和卫生间、安装大门刷卡系统等事宜。但该公共维修基金的申请并未得到 Y 小区四分之三以上业主的同意与签名。

Y 小区业主委员会及业主认为，Z 物业管理有限责任公司未经业主委员会及业主同意，擅自筹集、使用公共维修基金的行为侵害了小区业主合法权益。

➲ 律师指引　根据《民法典》第二百八十一条、第二百七十八条的规定，建筑物及其附属设施的维修资金，属于业主共有。经业主共同决定，可以用于电梯、屋顶、外墙、无障碍设施等共有部分的维修、更新和改造。建筑物及其附属设施的维修资金的筹集、使用情况应当定期公布。紧急情况下需要维修建筑物及其附属设施的，业主大会或者业主委员会可以依法申请使用建筑物及其附属设施的维修资金。第二百七十八条规定，下列事项由业主共同决定：（一）制定和修改业主大会议事规则；（二）制定和修改管理规约；（三）选举业主委员会或者更换业主委员会成员；（四）选聘和解聘物业服务企业或者其他管理人;（五）使用建筑物及其附属设施的维修资金;（六）筹集建筑物及其附属设施的维修资金;（七）改建、重建建筑物及其附属设施;（八）改变共有部分的用途或者利用共有部分从事经营活动;（九）有关共有和共同管理权利的其他重大事项。业主共同决定事项，应当由专有部分面积占比三分之二以上的业主且人数占比三分之二以上的业主参与表决。决定前款第六项至第八项规定的事项，应当经参与表决专有部分面积四分之三以上的业主且参与表决人数四分之三以上的业主同意。决定前款其他事项，应当经参与表决专有部分面积过半数的业主且参与表决人数过半数的业主同意。由此可知，建筑物及其附属设施的维修资金属于小区业主共有，具有特定用途，用于维护社区的公共利益，由专有部分面积四分之三以上的业主且参与表决人数四分之三以上的业主同意后决定使用。

在上述案例中，Z 物业管理有限公司擅自筹集建筑物及其附属设施的维修资金，违反了法定程序，侵害了 Y 小区业主的权益，应当向 Y 小区业主委员会返还全部建筑物及其附属设施的维修资金。

【案例 3-12】业主大会或业主委员会是否有权约束业主违反社区规约的行为?

谭某系 A 市某小区业主，2010 年将单元楼的楼梯间改造成杂物间用于堆放杂物。2014 年 5 月，该小区开始筹备成立业主委员会，业主委员会选举成立后经区政府备案。2015 年 8 月 29 日，小区业主委员会在谭某所住单元楼大门处张贴告示:“业主谭某:根据国家《民法典》《物业管理条例》的规定，公摊面积系全体业主共有的原则，见通知后主动到业委会补交从 2014 年 7 月 1 日起楼梯间的使用金。否则我们将通过法律程序追收使用金，并收回单元楼公共楼梯间，特此通知。小区业主委员会。”

谭某认为业主委员会无权对其进行管理，对告示置之不理。

➡ 律师指引　根据《民法典》第二百八十六条的规定，业主应当遵守法律、法规以及管理规约，相关行为应当符合节约资源、保护生态环境的要求。对于物业服务企业或者其他管理人执行政府依法实施的应急处置措施和其他管理措施，业主应当依法予以配合。业主大会或者业主委员会，对任意弃置垃圾、排放污染物或者噪声、违反规定饲养动物、违章搭建、侵占通道、拒付物业费等损害他人合法权益的行为，有权依照法律、法规以及管理规约，请求行为人停止侵害、排除妨碍、消除危险、恢复原状、赔偿损失。业主或者其他行为人拒不履行相关义务的，有关当事人可以向有关行政主管部门报告或者投诉，有关行政主管部门应当依法处理。也就是说，业主大会及业主委员会有权对侵害其他业主合法权益的行为进行管理。

在上述案例中，单元楼公共楼梯间属于小区业主共有部分，谭某擅自用于堆放杂物，侵害了其他业主的共有权利。因此，业主委员会有权对其行为进行管理，并要求其立即停止侵占，恢复原状。

【案例3-13】业主大会或业主委员会作出的决定侵害业主权利，业主如何救济?

某小区于2002年竣工，王某为该小区业主，购买了小区地下一层车库的一个车位。2017年12月，王某订购了一辆小汽车，该汽车依靠电池提供动力，为电池充电为该汽车正常使用所必需的步骤。市供电公司经勘查后表示，王某的车位现场具备安装充电桩的申请条件，并提供了相关证书和检测报告，证明此充电设备符合国家标准。

随后王某向小区业主大会及业主委员会提出在地下停车库安装充电桩的申请，小区业主大会就王某的申请通过投票的方式进行表决，占业主人数及小区建筑面积一半以上的表决票意见为“不同意”或“改造后同意”。小区业主大会及业主委员会回复王某，小区暂不同意其在地下停车库安装充电桩。为此，王某与小区业主委员会争执不下，认为其有权在地下停车库建立充电桩。

律师指引 根据《民法典》第二百八十条的规定，业主大会或者业主委员会的决定，对业主具有法律约束力。业主大会或者业主委员会作出的决定侵害业主合法权益的，受侵害的业主可以请求人民法院予以撤销。据此可知，在一般情况下，小区业主应当遵照业主大会或业主委员会作出的决定，但是其所作出的决定侵害业主合法权益的除外。

在上述案例中，王某作为车位的所有权人，有权对车位进行使用及适当的改造，且经过检验，其行为不会给小区环境造成安全隐患，王某在地下停车库安装充电桩是基于用车的合理需求。小区业主大会及业主委员会无正当理由拒绝王某安装充电桩，不当地限制了王某对车位的合理使用权，王某可申请法院对侵害自己合法权益的业主大会决定予以撤销。

第四章　农村物权

第一节　宅基地使用权

72 宅基地使用权与建设用地使用权有何不同?

建设用地使用权是权利人对国家所有的土地享有占有、使用和收益的权利，而宅基地使用权是权利人对集体所有的土地享有的占有、使用的权利。具体区别如下表：

序号	区别	建设用地使用权	宅基地使用权
1	从设定土地上看	设立在国家所有的土地上	设立在集体所有的土地上
2	从权利内容上看	权利人可以占有、使用、收益	权利人只能占有、使用
3	从权利人上看	主体广泛	主体仅限于集体组织的成员

73 宅基地使用权如何取得?

《中华人民共和国土地管理法》（以下简称《土地管理法》）第

六十二条规定，农村村民一户只能拥有一处宅基地，其宅基地的面积不得超过省、自治区、直辖市规定的标准。人均土地少、不能保障一户拥有一处宅基地的地区，县级人民政府在充分尊重农村村民意愿的基础上，可以采取措施，按照省、自治区、直辖市规定的标准保障农村村民实现户有所居。农村村民建住宅，应当符合乡（镇）土地利用总体规划、村庄规划，不得占用永久基本农田，并尽量使用原有的宅基地和村内空闲地。编制乡（镇）土地利用总体规划、村庄规划应当统筹并合理安排宅基地用地，改善农村村民居住环境和条件。农村村民住宅用地，由乡（镇）人民政府审核批准；其中，涉及占用农用地的，依照本法第四十四条的规定办理审批手续。

上述所提到可能涉及的《土地管理法》第四十四条规定，建设占用土地，涉及农用地转为建设用地的，应当办理农用地转用审批手续。永久基本农田转为建设用地的，由国务院批准。在土地利用总体规划确定的城市和村庄、集镇建设用地规模范围内，为实施该规划而将永久基本农田以外的农用地转为建设用地的，按土地利用年度计划分批次按照国务院规定由原批准土地利用总体规划的机关或者其授权的机关批准。在已批准的农用地转用范围内，具体建设项目用地可以由市、县人民政府批准。在土地利用总体规划确定的城市和村庄、集镇建设用地规模范围外，将永久基本农田以外的农用地转为建设用地的，由国务院或者国务院授权的省、自治区、直辖市人民政府批准。

74 宅基地使用权是否可以流转?

根据《土地管理法》第六十二条的有关规定，农村村民一户只能拥有一处宅基地，其宅基地的面积不得超过省、自治区、直辖市规定的标准。农村村民出卖、出租、赠与住宅后，再申请宅基地的，不予批准。国家允许进城落户的农村村民依法自愿有偿退出宅基地，鼓励农村集体经济组织及其成员盘活利用闲置宅基地和闲置住宅。

75 城镇居民能否购买宅基地使用权？

根据《民法典》第三百六十三条规定，宅基地使用权的取得、行使和转让，适用《土地管理法》的法律和国家有关规定。根据《土地管理法》第六十二条有关规定，农村村民一户只能拥有一处宅基地，其宅基地的面积不得超过省、自治区、直辖市规定的标准。农村村民出卖、出租、赠与住宅后，再申请宅基地的，不予批准。国家允许进城落户的农村村民依法自愿有偿退出宅基地，鼓励农村集体经济组织及其成员盘活利用闲置宅基地和闲置住宅。目前，我国面临着人均土地少的情况，为此国家实行严格的土地管理制度，对出租房屋后再申请宅基地的，不予批准，对迁入城镇定居办理了户口迁移的采取闲置宅基地和闲置住宅退出机制。同时要求，农村村民一户只能拥有一处宅基地，面积不得超过相关标准。为此，城镇居民购买农村宅基地面临很大的法律风险。

【案例 4-1】集体所有土地能否协议变更为“住宅建设用地”？

2012 年 12 月 20 日，叶某与某镇政府签订了一份《土地出让意向协议》，约定：某镇政府将位于村部右侧的面积约合 6.39 亩集体所有土地的使用权出让给叶某，用途为住宅建设用地。协议出让地价每亩 32.5 万元，总出让价 207.675 万元。叶某必须按镇政府详规要求建设，开工前要向镇政府办理规划等报批手续。该地块出让必须办理招拍挂手续，由镇政府负责为叶某办理国有土地使用证。

叶某未能交清《土地出让意向协议》约定的余下款项，镇政府也未在该协议约定期限内办理挂牌手续，该地块闲置。随后，叶某向法院提起诉讼，要求确认其与镇政府所签订的《土地出让意向协议》无效。

律师指引 根据《民法典》第三百六十二条规定，宅基地使用权人依法对集体所有的土地享有占有和使用的权利，有权依法利用该土地建造住宅及其附属设施。同时，根据《土地管理法》第十一条规定，农民集体所有的土地依法属于村农民集体所有的，由村集体经济组织或者村民委员会经营、管理；已经分别属于村内两个以上农村集体经济组织的农民集体所有的，由村内各该农村集体经济组织或者村民小组经营、管理；已经属于乡（镇）农民集体所有的，由乡（镇）农村集体经济组织经营、管理。《土地管理法》第四十四条还规定，建设占用土地，涉及农用地转为建设用地的，应当办理农用地转用审批手续。永久基本农田转为建设用地的，由国务院批准。在土地利用总体规划确定的城市和村庄、集镇建设用地规模范围内，为实施该规划而将永久基本农田以外的农用地转为建设用地的，按土地利用年度计划分批次按照国务院规定由原批准土地利用总体规划的机关或者其授权的机关批准。在已批准的农用地转用范围内，具体建设项目用地可以由市、县人民政府批准。在土地利用总体规划确定的城市和村庄、集镇建设用地规模范围外，将永久基本农田以外的农用地转为建设用地的，由国务院或者国务院授权的省、自治区、直辖市人民政府批准。由此可见，集体所有的土地未经审批不得用于非农建设。农民集体所有的土地的使用权不得出让、转让或者出租用于非农业建设，建设占用土地，涉及农用地转为建设用地的，需要办理农用地转用审批手续才完备。

在上述案例中，叶某与镇政府签订《土地出让意向协议》，受让的土地性质为集体所有土地，不得擅自将用途转变为建设用地。双方在协议中约定的土地使用方式为“住宅建设用地”，改变了原集体所有土地的用途，违反了法律的强制性规定，合同效力存在瑕疵。最终，法院判决叶某与镇政府签订的《土地出让意向协议》为无效合同。

需要提醒的是，为保护耕地及农村居民的住宅权利，我国对宅基地、耕地集体所有土地的流转、土地使用类型的变更管控较为严格。应当按照法定的程序、用途受让农村土地使用权，否则很可能出现因违反法律强制性规定而导致合同无效的情形。

【案例 4-2】将承包耕地用于建房的行为无效后，如何处理？

王某系 A 县红花村村民。1980 年，红花村村委会将村西头耕地以 30 年不变的土地政策租给王某耕种，王某占有使用上述土地。2006 年，李某与王某协商，双方口头达成协议，约定在前述土地南侧，由李某出资建造小瓦房 6 间及院落一处，由王某与李某两家人共同居住。

2014 年 7 月，红花村村委会与王某就该土地续订了《土地承包经营合同》，承包期限为 1998 年 9 月 1 日至 2028 年 8 月 31 日止。2014 年 8 月，县人民政府为王某再次颁发土地经营权证书。2016 年 6 月，区人民法院发出行政判决书，以该土地颁证时违反法定程序为由，撤销了王某获得的农村土地经营权证书。

土地经营权证书被撤销后，王某起诉至法院，请求确认其与李某此前协议共同盖房属于无效民事法律行为，并要求李某一家搬出院落，将土地的使用权交还给自己。

律师指引 根据《民法典》第二百四十四条规定，国家对耕地实行特殊保护，严格限制农用地转为建设用地，控制建设用地总量。不得违反法律规定的权限和程序征收集体所有的土地。《民法典》第三百三十四条规定，土地承包经营权人依照法律规定，有权将土地承包经营权互换、转让。未经依法批准，不得将承包地用于非农建设。

在上述案例中，红花村村委会与王某签订了农村土地承包合同，将土地交付给其占用、使用、收益，2014 年红花村村委会与王某签订书面承包合同是对之前合同行为的续延、确认。承包方依法取得的农村土地承包经营权可以采取转包、出租、互换、转让或者其他符合有关法律和国家规定的方式流转。但流转不得改变流转土地的农业用途，属于强制性规定。王某与李某双方协商一致占用基本农田建房，虽未签订书面协议，但双方对于占用农用地建房的事实明知，系恶意串通擅自改变原告承包土地用途用于非农建设，违反了法律强制性规定，且农村土地经营权证书已被撤销，王某与李某所建房屋均未取得行政审批，故王某与李某约定在王某承包地上建房的民事行为因违反法律禁止性规定而无效。王某与李某双方因该民事行为无效造成的损失，根据双方的过错分担。

此外，由于该土地颁证时违反法定程序被法院判决撤销王某的农村土地经营权证书，若王某与红花村村委会就土地使用权问题存在争议，根据《土地管理法》第十四条规定，土地所有权和使用权争议，由当事人协商解决；协商不成的，由人民政府处理。单位之间的争议，由县级以上人民政府处理；个人之间、个人与单位之间的争议，由乡级人民政府或者县级以上人民政府处理。当事人对有关人民政府的处理决定不服的，可以自接到处理决定通知之日起三十日内，向人民法院起诉。在土地所有权和使用权争议解决前，任何一方不得改变土地利用现状。

第二节　农村土地承包

76 农村土地承包采取什么方式？

根据《民法典》第三百三十条的规定，农村集体经济组织实行家庭承包经营为基础、统分结合的双层经营体制。农民集体所有和国家所有由农民集体使用的耕地、林地、草地以及其他用于农业的土地，依法实行土地承包经营制度。《中华人民共和国农村土地承包法》（以下简称《农村土地承包法》）第三条还明确规定，国家实行农村土地承包经营制度。农村土地承包采取农村集体经济组织内部的家庭承包方式，不宜采取家庭承包方式的荒山、荒沟、荒丘、荒滩等农村土地，可以采取招标、拍卖、公开协商等方式承包。

77 土地承包期限是多长？

根据《民法典》第三百三十二条的规定，耕地的承包期为三十年。草地的承包期为三十年至五十年。林地的承包期为三十年至七十年。前款规定的承包期限届满，由土地承包经营权人依照农村土地承包的法律规定继续承包。

78 土地承包经营权的设立以什么时间为准？

根据《民法典》第三百三十三条的规定，土地承包经营权自土地承包经营权合同生效时设立。登记机构应当向土地承包经营权人发放土地承包经营权证、林权证等证书，并登记造册，确认土地承包经营权。也就是说，土地承包经营权的确认需要发放土地承包经营权证书，但土地承包经营权的设立是以土地承包经营权合同生效时间为准的。因为在现实的土地承包过程中，可能会发生土地承包经营权证书发放不及时或者不到位的情况，尽管土地承包经营权证书是作为确认承包方享受权利的法律凭证，但土地经营权设立的时间仍以合同生效时间为准。

79 土地承包经营权是否可以延长？

根据《民法典》第三百三十二条的规定，耕地的承包期为三十年。草地的承包期为三十年至五十年。林地的承包期为三十年至七十年。

前款规定的承包期限届满，由土地承包经营权人依照农村土地承包的法律规定继续承包。

80 土地承包经营权是否可以流转？

根据《民法典》第三百三十四条的规定，土地承包经营权人依照法律规定，有权将土地承包经营权互换、转让。未经依法批准，不得将承包地用于非农建设。

81 土地承包经营权的流转是否必须登记？

根据《民法典》第三百三十五条的规定，将土地承包经营权互换、转让的，当事人要求可以向登记机构申请土地承包经营权变更登记；

未经登记，不得对抗善意第三人。也就是说，土地承包经营权的流转并不强制要求当事人登记，但如果当事人不登记的，不能对抗善意第三人。例如，甲将自己在 A 村的一块土地承包经营权转让给了乙，但没有办理登记；随后，甲又将这块地的承包经营权转让给了善意不知情的丙。当丙取得该地块的承包经营权之后，由于乙此前的受让没有进行登记，因此无法再主张自己对该地块享有承包经营权。

82 发包方就同一土地签订了两个以上承包合同的，应当如何处理？

根据《最高人民法院关于审理涉及农村土地承包纠纷案件适用法律问题的解释》（2020 修正）第十九条的规定，发包方就同一土地签订两个以上承包合同，承包方均主张取得土地承包经营权的，按照下列情形，分别处理：（一）已经依法登记的承包方，取得土地承包经营权；（二）均未依法登记的，生效在先合同的承包方取得土地承包经营权；（三）依前两项规定无法确定的，已经根据承包合同合法占有使用承包地的人取得土地承包经营权，但争议发生后一方强行先占承包地的行为和事实，不得作为确定土地承包经营权的依据。

83 土地承包期内进城务工，发包方能否收回承包地？

根据《民法典》第三百三十七条的规定，承包期内发包人不得收回承包地。法律另有规定的，依照其规定。《农村土地承包法》第二十七条也明确规定，承包期内，发包方不得收回承包地。国家保护进城农户的土地承包经营权。不得以退出土地承包经营权作为农户进城落户的条件。承包期内，承包农户进城落户的，引导支持其按照自愿有偿原则依法在本集体经济组织内转让土地承包经营权或者将承包地交回发包方，也可以鼓励其流转土地经营权。承包期内，承包方交回承包地或者发包方依法收回承包地时，承包方对其在承包地上投入而提高土地生产能力的，有权获得相应的补偿。

【案例 4–3】承包的荒山到期后，承包人可否单方要求延长承包期?

刘某是某生产队的组员，1984 年 11 月 11 日与生产队通过协商签订某荒山的承包合同，该荒山属于生产队所有。合同约定承包期为 30 年，承包合同签订后，生产队将荒山交付给刘某经营管理。刘某按约定交付了全部承包金。

2014 年 10 月 11 日，生产队通知刘某，双方承包期届满后，刘某不得继续承包上述荒山，并要求刘某按时归还荒山。2014 年 11 月 11 日双方约定的承包期届满后，没有再签订新的合同。刘某认为，他此前享有土地承包经营权，为此有权要求继续承包，因此提出延长承包期 40 年。

律师指引 根据《民法典》第三百三十条规定，农村集体经济组织实行家庭承包经营为基础、统分结合的双层经营体制。农民集体所有和国家所有由农民集体使用的耕地、林地、草地以及其他用于农业的土地，依法实行土地承包经营制度。同时，《农村土地承包法》第三条规定，国家实行农村土地承包经营制度。农村土地承包采取农村集体经济组织内部的家庭承包方式，不宜采取家庭承包方式的荒山、荒沟、荒丘、荒滩等农村土地，可以采取招标、拍卖、公开协商等方式承包。《农村土地承包法》第四十九条还规定，以其他方式承包农村土地的，应当签订承包合同，承包方取得土地经营权。当事人的权利和义务、承包期限等，由双方协商确定。以招标、拍卖方式承包的，承包费通过公开竞标、竞价确定；以公开协商等方式承包的，承包费由双方议定。根据上述法律规定，荒山、荒沟、荒丘、荒滩等农村土地，可以采取招标、拍卖、公开协商等方式承包。

在上述案例中，刘某和生产队签订了荒山承包合同，约定承包期限为 30 年，该合同是通过双方协商签订的，即属于“以其他方式”承包土地的情形，承包期限由双方协商确定。因此，刘某荒地的承包期应按承包合同约定期限即 30 年履行，刘某无权单方要求延长承包地。

需要提醒的是，注意区分家庭承包和以其他方式承包的不同之处。一般而言，家庭承包方式具有无偿性、福利性及生活保障性，而“以其他方式承包”显然不具备前述属性。此外，家庭承包的承包期限是法定期限：耕地的承包期为三十年、草地的承包期为三十年至五十年、林地的承包期为三十年至七十年，到期后可以依法继续延长。而“以其他方式承包”遵循当事人意思自治原则，依合同约定确定双方的权利义务、承包期限等内容，因此合同约定的期限届满后，承包人无权要求延长。

【案例 4–4】承包耕地续签家庭承包合同，承包期限该如何计算？

2003 年 5 月 10 日，怀小某的父亲怀某与 A 村村委会签订《家庭承包合同书》，该合同约定：A 村村民委员会将林地承包给乙方怀某，承包期限 10 年（从 2005 年 1 月至 2014 年 12 月 30 日，共 10 年）。2006 年 12 月 20 日，怀小某与 A 村村委会签订《耕地承包（续包）合同》，约定 A 村村委会将原与怀小某父亲签订的土地承包合同转签并续签，即从 2005 年 1 月 1 日至 2014 年 12 月 30 日，延期至 2039 年 12 月 30 日，延长承包期 25 年，承包人变更为怀小某。

2015 年 A 村村委会申请仲裁，县农村土地仲裁委员会认为林地合同已经超出法定期限，下发仲裁裁决书解除 A 村村委会与怀小某的土地承包合同，要求怀小某将土地交还给 A 村村委会。但怀小某认为，土地承包合同已经续签，双方应当按照约定的承包期限履行合同，2039 年才可以解除合同。

律师指引 根据《民法典》第三百三十二条规定，耕地的承包期为三十年，承包期满后，由土地经营权人依照农村土地承包的法律继续承包。同时，《农村土地承包法》第十六条规定，家庭承包的承包方是本集体经济组织的农户。农户内家庭成员依法平等享有承包土地的各项权益。

在上述案例中，怀小某与 A 村村委会续签《耕地承包（续包）合同》，实质上是对原《家庭承包合同书》这一家庭承包合同的延续，属于同一份合同，承包期限应当累计计算。自 2003 年至 2039 年，A 村村委会与怀小某签订的土地承包合同承包期限为 35 年，超出了《物权法》规定的三十年耕地的承包期，超出的 5 年不受法律保护，故承包有效年限应截止到 2035 年 12 月 30 日。

除对耕地外，《民法典》对其他类型地块的承包期限也作出了规定，其中草地为三十年至五十年，林地为三十年至七十年。所以，在签订土地承包合同时，应当注意承包期限是否已经超过法律规定的承包期限。

【案例4–5】承包期间是否可以调整承包地?

1998年1月11日，农户任某（家庭成员7人）与本村村民委员会依法签订《农村土地承包合同书》一份，承包该村集体土地16.6亩。后因其家庭成员考学、上班、当兵等缘故，无力耕种全部土地，遂将其中共7.04亩承包地口头交给本村村民委员会管理。

2001年，村民委员会将上述部分土地交由本社成员杨某等三人所在的三农户临时耕种，后三人耕种至今。其间，村民委员会与杨某等三人未补签上述土地的农村土地承包合同，亦未办理土地承包经营权变更登记备案手续。

2016年4月，任某与杨某等三人因上述土地的承包经营权发生争议，任某遂向县农村土地承包经营纠纷调解仲裁委员会申请仲裁。该仲裁委员会经审理后作出裁决，任某对争议的承包地享有承包经营权，任何人和单位无权干涉，限杨某等三人30日内返还。杨某三人不服裁决，向法院提起诉讼。

➲ 律师指引　根据《民法典》第三百三十三条的规定，土地承包经营权自土地承包合同生效时设立。登记机构应当向土地承包经营权人发放土地承包经营权证、林权证等证书，并登记造册，确认土地承包经营权。在上述案例中，任某作为农户与发包方村民委员会自愿签订农村土地承包合同，即取得承包经营权，其权益受法律保护。

根据《民法典》第三百三十六条规定，承包期内发包人不得调整承包地。因自然灾害严重毁损承包地等特殊情形，需要适当调整承包的耕地和草地的，应当依照农村土地承包的法律规定办理。同时，《农村土地承包法》第二十八条也明确规定，承包期内，发包方不得调整承包地。承包期内，因自然灾害严重毁损承包地等特殊情形对个别农户之间承包的耕地和草地需要适当调整的，必须经本集体经济组织成员的村民会议三分之二以上成员或者三分之二以上村民代表的同意，并报乡（镇）人民政府和县级人民政府农业农村、林业和草原等主管部门批准。承包合同中约定不得调整的，按照其约定。由此可见，在承包期内，非依法定程序调整，其土地承包经营权不得变更。

在上述案例中，任某将承包地交由村委会代管，杨某等三人虽对争议土地耕种多年，并缴纳相应税费。但就争议土地在村委会调整由其耕种后，未取得合法的承包经营权。因此，任某对争议土地享有承包经营权。

【案例 4–6】土地承包经营权互换但未登记，征地补偿款归谁所有？

钱某和吴某均系李寨村村民，在农村土地二轮承包中钱某取得 A 地块 2.2 亩土地承包经营权，吴某取得 B 地块 2 亩土地承包经营权。

2008 年冬季吴某父亲去世，吴某想在钱某 A 地块修坟。于是，在本村村民的说和下，钱某与吴某达成口头协议，吴某将 B 地块 2 亩承包地与钱某 A 地块 2.2 亩承包地互换耕种，并约定“两家换死，互不干涉”。换地后吴某在 A 地块承包地为其父亲修坟。双方未办理土地承包经营权变更登记手续，互换耕种。

2015 年市某教育基地建设项目将钱某互换后耕种的 B 地块 1.64 亩承包地征收，补偿款约 5 万元。钱某到村委会领取补偿款时，吴某到村委会阻挠，提出双方没有就换地行为进行登记，换地行为无效，补偿金应该由其领取。因双方发生争执，村委会停止发放相关补偿款。

➔ 律师指引　目前，我国土地承包经营权的转移实行登记对抗制度，其生效不以登记为要件。根据《民法典》第三百三十五条的规定，将土地承包经营权互换、转让的，当事人可以向登记机构申请土地承包经营权变更登记；未经登记，不得对抗善意第三人。同时，《农村土地承包法》第三十五条也规定，土地承包经营权互换、转让的，当事人可以向登记机构申请登记。未经登记，不得对抗善意第三人。

在上述案例中，钱某与吴某换地虽然未经过公示登记，但从吴某与钱某作出“两家换死，互不干涉”的约定和实际耕种情况来看，双方显然就换地事宜达成了合意，登记与否不影响换地行为及换地合同的效力。因为换地后 B 地块 2 亩土地承包经营权归钱某所有，土地补偿款也应当由钱某取得。

值得注意的是，虽然土地承包经营权的互换、转让不以公示登记为要件，但是当事人要求登记的，另一方应当予以配合，并到法律规定的政府部门申请登记。对于土地承包经营权的获得者来说，将土地承包经营权转让、互换进行登记更有利于权益的保护。因为未登记的转让、互换行为无法对抗善意第三人，也就是说，如果双方没有对土地承包经营权转让、互换进行登记，如原土地承包经营权人将经营权再次转让，新的受让人对之前的转让行为并不知情且支付了合理的对价，并进行登记，那么土地承包经营权应当归属新的土地承包经营权受让人所有。

【案例 4–7】承包人既非土地所有权人，又非集体组织成员，能否获得征地补偿款?

2016 年 7 月 1 日，某省人民政府对某地块进行征收，赵某承包的 7 亩土地正好位于征收范围内，地上的猪舍、鸡舍等在 2012 年 8 月中旬已被区政府拆除，但赵某未得到征收补偿。

2017年12月12日，赵某向区政府申请土地补偿费、地上物等费用合计880万元，安置补偿费按国家标准予以补偿。该申请邮寄件于2017年12月17日被拒收退回，赵某于2017年12月15日再次邮寄，仍被拒收退回。

赵某认为，区政府应负责集体土地征收范围内的补偿工作，自己是征收范围内的被征收人，区政府应对他履行征收补偿职责和义务。但区政府提出，赵某不是土地所有权人，也不是集体组织成员，无权主张土地补偿费，因此拒绝予以补偿。

律师指引 根据《土地管理法》第四十七条规定，国家征收土地的，依照法定程序批准后，由县级以上地方人民政府予以公告并组织实施。县级以上地方人民政府拟申请征收土地的，应当开展拟征收土地现状调查和社会稳定风险评估，并将征收范围、土地现状、征收目的、补偿标准、安置方式和社会保障等在拟征收土地所在的乡（镇）和村、村民小组范围内公告至少三十日，听取被征地的农村集体经济组织及其成员、村民委员会和其他利害关系人的意见。多数被征地的农村集体经济组织成员认为征地补偿安置方案不符合法律、法规规定的，县级以上地方人民政府应当组织召开听证会，并根据法律、法规的规定和听证会情况修改方案。拟征收土地的所有权人、使用权人应当在公告规定期限内，持不动产权属证明材料办理补偿登记。县级以上地方人民政府应当组织有关部门测算并落实有关费用，保证足额到位，与拟征收土地的所有权人、使用权人就补偿、安置等签订协议；个别确实难以达成协议的，应当在申请征收土地时如实说明。相关前期工作完成后，县级以上地方人民政府方可申请征收土地。

同时，《中华人民共和国土地管法实施条例》(以下简称《土地管理法实施条例》) 第二十六条规定，土地补偿费归农村集体经济组织所有；地上附着物及青苗补偿费归地上附着物及青苗的所有者所有。征收土地的安置补助费必须专款专用，不得挪作他用。需要安置的人员由农村集体经济组织安置的，安置补助费支付给农村集体经济组织，由农村集体经济组织管理和使用；由其他单位安置的，安置补助费支付给安置单位；不需要统一安置的，安置补助费发放给被安置人员个人或者征得被安置人员同意后用于支付被安置人员的保险费用。市、县和乡（镇）人民政府应当加强对安置补助费使用情况的监督。由此可见，土地补偿费归农村集体经济组织所有，且该费用必须专款专用，不得挪作他用。

在上述案例中，赵某不是土地所有权人，也不是集体组织成员，按照法律相关规定，土地补偿费应该归村集体所有，仅作为承包人的赵某是无权要求区政府向其支付土地补偿费的。

就征收行为导致赵某承包土地用益物权消灭而造成的损失，按照《民法典》第三百二十七条规定，因不动产或者动产被征收、征用致使用益物权消灭或者影响用益物权行使的，用益物权人有权依据本法第二百四十三条、第二百四十五条的规定获得相应补偿。上述涉及的第二百四十三条规定是，为了公共利益的需要，依照法律规定的权限和程序可以征收集体所有的土地和组织、个人的房屋以及其他不动产。征收集体所有的土地，应当依法及时足额支付土地补偿费、安置补助费以及农村村民住宅、其他地上附着物和青苗等的补偿费等费用，并安排被征地农民的社会保障费用，保障被征地农民的生活，维护被征地农民的合法权益。征收组织、个人的房屋以及其他不动产，应当依法给予征收补偿，维护被征收人的合法权益；征收个人住宅的，还应当保障被征收人的居住条件。任何组织或个人不得贪污、挪用、私分、截留、拖欠征收补偿费等费用。在上述案例中，赵某虽不能直接向区政府主张权利，但其可以根据《民法典》相关法律规定，依承包合同的约定，向发包方主张权利。需要提醒的是，签订承包合同时，应充分注意合同条款的约定是否明确，比如是否明确约定承包土地被征收时，承包人有权获得相应补偿等。

【案例 4–8】哪些方式取得的土地承包经营权可以抵押？

赵某因种植枇杷向信用社借款，为归还借款，2006 年 9 月 23 日，经村民委员会开会决定同意赵某用所承包的 200 亩土地使用权为借款提供抵押担保。2006 年 9 月 29 日，赵某与信用社签订了一份《抵押担保借款合同》，约定信用社向赵某出借 190 万元，赵某用承包的 200 亩土地使用经营权及地上附着物（双方约定抵押物价值为 300 万元）为借款提供抵押担保；同日，县公证处对《抵押担保借款合同》进行了公证，并对赵某用承包地经营权及地上附着物为借款提供抵押担保事项，进行了抵押登记；合同签订当天，信用社按约将 190 万元出借给赵某。

赵某在合同履行过程中偿还了借款本金 40 万元后，未再按约还本付息。为此，信用社提出就 200 亩承包土地经营权、土地使用权实现抵押权。

律师指引 根据《民法典》第三百四十二条的规定，通过招标、拍卖、公开协商等方式承包农村土地，经依法登记取得权属证书的，可以依法采取出租、入股、抵押或者其他方式流转土地经营权。《农村土地承包法》第五十三条也规定，通过招标、拍卖、公开协商等方式承包农村土地，经依法登记取得权属证书的，可以依法采取出租、入股、抵押或者其他方式流转土地经营权。简而言之，只有通过招标、拍卖、公开协商等方式承包农村土地，依法取得土地承包经营权证才能用于抵押。

在上述案例中，赵某和信用社约定的抵押物是土地承包经营权及地上种植的果树，赵某抵押的土地承包经营权非通过招标、拍卖、公开协商等方式取得，赵某和信用社约定土地承包经营权作为抵押的合同约定违反了法律的禁止性规定，该约定无效，所以信用社无权要求就 200 亩承包土地经营权、土地使用权实现抵押权。

此外，根据《民法典》第一百八十条规定，下列财产可以抵押：（一）抵押人所有的房屋和其他地上定着物；（二）抵押人所有的机器、交通运输工具和其他财产；（三）海域使用权；（四）抵押人依法有权处分的国有的机器、交通运输工具和其他财产；（五）抵押人依法承包并经发包方同意抵押的荒山、荒沟、荒丘、荒滩等荒地的土地使用权；（六）依法可以抵押的其他财产。抵押人可以将前款所列财产一并抵押。因此，需要提醒的是，在日常涉及土地承包经营权作为抵押物的，应特别注意是否属于以下两类法定的情形：一是《民法典》第三百四十二条和《农村土地承包法》第五十三条规定的通过招标、拍卖、公开协商等方式承包农村土地，依法取得土地承包经营权证的；二是《民法典》第一百八十条规定的属于经发包方同意抵押的荒山、荒沟、荒丘、荒滩。若不属于前述情形，所设定的抵押约定无效。

【案例 4-9】嫁入本村后离婚改嫁别村的，村委能否收回承包地份额？

1973 年，黄某结婚，之后生育有两个孩子。后黄某离婚，与前夫承包的责任田双方均分，黄某带一个女儿共分得责任田 1.68 亩。1992 年，黄某与其他村民小组的肖某结婚，但黄某的户口没有迁移，且仍然在原居住地生活居住。

1995 年 4 月，黄某原居住地村民会议讨论要调出其责任田，为此 1995 年 5 月，乡人民政府决定将黄某的责任田调出给生产组处理。但镇人民政府撤销了乡人民政府作出的上述决定。但当地村民小组仍然调出黄某的责任田，分割给村小组的其他村民经营管理。黄某发现后，要求村民小组返还其责任田。

➡ 律师指引　根据《民法典》第三百三十六条的规定，承包期内发包人不得调整承包地。因自然灾害严重毁损承包地等特殊情形，需要适当调整承包的耕地和草地的，应当依照农村土地承包法律规定办理。同时，《农村土地承包法》第三十一条明确规定，承包期内，妇女结婚，在新居住地未取得承包地的，发包方不得收回其原承包地；妇女离婚或者丧偶，仍在原居住地生活或者不在原居住地生活但在新居住地未取得承包地的，发包方不得收回其原承包地。

在上述案例中，黄某虽然和其他村民小组的肖某结婚了，但黄某仍在原居住地生活居住，且黄某在其现任丈夫所在村民小组未取得承包地。原居住地村民小组收回黄某的承包地分配给本组村民的做法，违反了法律的规定，应当依法将承包地退回给黄某经营。

第五章　商贸物权

第一节　动产买卖

84 买方何时取得动产所有权？

根据《民法典》第二百二十四条的规定，动产物权的设立和转让，自交付时发生效力，但是法律另有规定的除外。也就是说，签订了买卖合同并不代表着动产所有权发生了转移，要转移动产所有权，还必须交付动产。动产自交付时，买方才取得该动产的所有权。

85 买方或第三人占有动产时，所有权何时转移？

根据《民法典》第二百二十六条规定，动产物权设立和转让前，权利人已经占有该动产的，物权自民事法律行为生效时发生效力。简而言之，买方此前已经通过租用、借用、保管等方式实际占有标的物时，合同生效之时该动产所有权转移。例如，A 租用 B 公司大型打印机，后因为业务扩张需要，决定将的该打印机买下来。双方签订的买卖合同生效之时，该打印机所有权就转移给 A。

根据《民法典》第二百二十七条的规定，动产物权设立和转让前，第三人占有该动产的，负有交付义务的人可以通过转让请求第三人返还原物的权利代替交付。即被出卖的标的物被第三人以租用、借用、保管等方式实际占有时，出卖人将对第三人的返还请求权让与买受人的时候，该动产所有权转移。又例如，A 租用 B 公司的大型打印机，后因为 B 公司业务萎缩陷入困境，B 公司决定将该打印机转让给 C 公司。尽管打印机仍在 A 处，但当 B 公司与 C 公司签订的买卖合同生效之时，该打印机所有权就转移给 C 公司。

86 遭遇“一车二卖”，实际持有方可否拒绝向已办理过户方交付车辆？

根据《民法典》第二百二十五条的规定，船舶、航空器和机动车等的物权的设立、变更、转让和消灭，未经登记，不得对抗善意第三人。例如，甲将自己所有的车辆先卖给了 A，在 A 付款之后，甲将该车交付给了 A。随后，甲又将车辆卖给不知情的 B，B 付款后，甲将该车过户到 B 名下。此时尽管车辆的实际持有人是 A，但 A 没有办理过户登记，不能对抗善意第三人 B。因此，B 依法取得了车辆所有权，可要求 A 交付车辆，而 A 只能向原车主甲主张损害赔偿。

【案例 5-1】未登记过户但已交付的车辆，归登记人还是持有人所有？

杨某系 A 驾校的机动车驾驶教练员，张某为 A 驾校经理。2012 年

2 月 4 日，张某向杨某出具专项收据，载明收到杨某“浙 F×××××学”教练车所有权购置费 90 828 元。2012 年 6 月 30 日，杨某与张某双方签订《教练车承包协议书》，约定杨某承包张某教练车，车辆归杨某所有，牌照所有权归张某所有；杨某无权更改其用途；车辆在承包期内登记在张某名下。此后，该车辆由杨某保管使用。

后双方因为车辆的所有权问题发生争执。杨某认为，自己是教练车的实际购置人及所有权人。但张某认为，教练车登记在自己名下，应当归自己所有。

➲ 律师指引　根据《民法典》第二百零八条的规定，不动产物权的设立、变更、转让和消灭，应当依照法律规定登记。动产物权的设立和转让，应当依照法律规定交付。也就是说，在当事人无特别约定的情况下，动产交付之后，所有权即转移。

在上述案例中，教练车为动产，所有权转移以交付为准。根据双方所签订的《教练车承包协议书》，购买汽车的款项实际由杨某支付；随后，张某也将车辆交付给了杨某，且车辆由杨某使用。此外，针对张某主张车辆登记在自己名下应当归自己所有的问题，对于机动车这一特殊动产而言，登记产生的公示公信效力仅具有对抗第三人的外部效力，不影响当事人（即杨某和张某）之间的实质性权利。综上，动产物权变动以交付为要件，张某已将车辆交付，不享有车辆所有权。

【案例 5-2】“一车多卖”均未登记，所有权应当归谁？

2014 年 10 月 11 日，A 与 B 签订了车辆买卖协议，协议约定：A 将其自用的车辆出让给 B，成交价格 19 500 元。同时约定 A 有义务为

B 提供办理过户所需的一切资料，协助或为 B 办理过户，因 A 原因造成无法过户，B 有权将车辆退还给 A，并要求 A 返还购车款和按购车款的 10% 赔偿违约金。2014 年 10 月 11 日，B 付购车款 19 500 元给 A 后将车开走。之后，B 向 A 所购车辆未办理变更登记手续。

不久，A 又将车卖给 C，C 将车转让给 D。A 将车辆卖给 C，C 将车辆卖给 D 时，均未办理过户登记手续。此后，B、C、D 就车辆所有权归属问题产生争议。

➡ 律师指引 《民法典》第二百二十四条规定，动产物权的设立和转让，自交付时发生效力，但是法律另有规定的除外。第二百二十五条规定，船舶、航空器和机动车等物权的设立、变更、转让和消灭，未经登记，不得对抗善意第三人。同时，《最高人民法院关于审理买卖合同纠纷案件适用法律问题的解释》(2020 修正）第七条规定，出卖人就同一船舶、航空器、机动车等特殊动产订立多重买卖合同，在买卖合同均有效的情况下，买受人均要求实际履行合同的，应当按照以下情形分别处理:(一）先行受领交付的买受人请求出卖人履行办理所有权转移登记手续等合同义务的，人民法院应予支持;(二）均未受领交付，先行办理所有权转移登记手续的买受人请求出卖人履行交付标的物等合同义务的，人民法院应予支持;(三）均未受领交付，也未办理所有权转移登记手续，依法成立在先合同的买受人请求出卖人履行交付标的物和办理所有权转移登记手续等合同义务的，人民法院应予支持;(四）出卖人将标的物交付给买受人之一，又为其他买受人办理所有权转移登记，已受领交付的买受人请求将标的物所有权登记在自己名下的，人民法院应予支持。

综合上述法律规定可知，动产物权自交付起发生变动，未经登记，不得对抗善意第三人，如出现一物多卖且均未进行登记的情况，先行受领不动产的买受人有权要求出卖人办理变更登记手续。简而言之，在一物多卖且均未登记的情况下，先获得交付的买受人获得动产的所有权。

➲ 律师指引 在上述案例中，A 将自有车辆一物多卖给 B、C，B 获得交付，但是 B、C 均未就车辆所有权进行登记，此时，车辆所有权在交付时已经转移给 B，B 有权要求 A 协助其办理变更登记手续。C 未购得车辆可以就车辆买卖合同及《民法典》的相关规定向 A 主张违约责任。

【案例 5-3】车辆出租期间转让给租借人，是否还需要正式交付手续?

2013 年 7 月，孙某与潘某签订车辆租赁合同，由潘某租赁孙某的小汽车，孙某当日将小汽车交付给潘某。2013 年 8 月，孙某因无力偿还车辆剩余贷款，遂于 2013 年 11 月 18 日与潘某通过电话口头约定将小型客车卖给潘某，双方约定余下贷款由潘某继续偿还。

截至 2015 年 5 月末，潘某共偿还了贷款约 70 000 元。双方原本约定在当年 5 月底办理所有权更名过户手续，但孙某却在 5 月 31 日凌晨将车辆开走。

双方多次协商未果，潘某诉至法院，请求孙某立即将车辆交付自己使用，并变更车辆所有权登记于自己名下。但在诉讼过程中，孙某将车辆出售并更名过户至曹某名下。无奈，潘某只得变更诉讼请求，请求孙某赔偿自己车辆损失 93 750 元。

但孙某提出，其与潘某之间不存在买卖合同关系，双方实际系租赁关系，潘某偿还贷款系通过支付对价方式进而租赁使用孙某车辆。同时，自己对潘某也没有正式的交付手续，潘某并未取得小汽车的所有权。

律师指引　根据《民法典》第四百六十九条第一款规定，当事人订立合同，可以书面形式、口头形式或者其他形式。同时，根据《民法典》第二百二十四条的规定，动产物权的设立和转让，自交付时发生效力，但是法律另有规定的除外。《民法典》第二百二十六条的规定，动产物权设立和转让前，权利人已经占有该动产的，物权自民事法律行为生效时发生效力。

在上述案例中，孙某与潘某通过电话口头约定车辆买卖，形成的是口头合同。该车于 2013 年 7 月交付给潘某使用，孙某与潘某于 2013 年 11 月 18 日达成车辆买卖的口头合同，构成简易交付（即受让人已经占有动产，如受让人已经通过保管、租赁、借用等方式实际占有了动产，则物权变动的合意成立时，视为交付）。根据动产物权的设立和转让自交付时发生效力的法律规定，上述车辆的所有权在 2013 年 11 月 18 日时已经转移为潘某所有，不再需要履行孙某提出的“正式的交付手续”。

【案例 5-4】所有权保留的购车合同，是否适用交付即转移所有权？

甲因购车款项不足，与乙约定以交付首期款和以租代售的方式向乙购买小轿车，首付 22 000 元，每月还款 2540 元，为期 24 个月；甲方未按时还款的，乙方有权收回小轿车。甲、乙双方于2011年9月19日签订《购车协议书》。

2011年9月27日，乙将甲所购的小轿车以乙的名义开具了机动车销售统一发票。2011年9月28日，乙再以其名义向交警部门办理报牌登记，同时与甲签订了《汽车转让协议》，约定：“若甲连续向乙租车已满24个月并付所有款项，乙同意该车以人民币100元的价格转让给甲。”

后乙将小轿车交付甲使用。但甲迟迟未能按照合同约定的时间付款，为此乙要求收回车辆。但甲认为，小汽车所有权已在交付时转移，车辆归自己所有，乙无权收回。

➜ 律师指引　根据《民法典》第二百二十四条的规定，动产物权的设立和转让，自交付时发生效力，但是法律另有规定的除外。结合《合同法》第一百三十四条的规定，当事人可以在买卖合同中约定买受人未履行支付价款或者其他义务的，标的物的所有权属于出卖人。也就是说，动产买卖合同双方可以约定动产所有权转移的条件，并非一定在交付时转移。

在上述案例中，甲、乙双方本质上签订的是车辆所有权保留的买卖合同关系。所有权保留买卖，是指在买卖合同中，根据法律规定或双方当事人之间约定买受人先占有使用标的物，但在双方约定的特定条件成就前，出卖人仍保留标的物所有权，待条件成就后，再将所有权移转给买受人的一种交易方式。双方在合同中约定车辆所有权保留的行为未违反法律、行政法规的禁止性规定，合法有效，为此双方当事人应当按照约定全面履行自己的义务。按照合同约定，若甲未按时支付租金和费用，乙方有权收回小轿车，所以乙方收回车辆的行为符合合同约定及法律规定。

值得提醒注意的是，关于所有权保留买卖是否适用于不动产买卖的问题，《最高人民法院关于审理买卖合同纠纷案件适用法律问题的解释》（2020 修正）第二十五条进行了规定，买卖合同当事人主张《民法典》第六百四十一条关于标的物所有权保留的规定适用于不动产的，人民法院不予支持。因此，所有权保留买卖不适用于不动产交易。

第二节　动产抵押

87 动产设立抵押，抵押物是否需要转移占有？

《民法典》第三百九十四条规定，为担保债务的履行，债务人或者第三人不转移财产的占有，将该财产抵押给债权人的，债务人不履行到期债务或者发生当事人约定的实现抵押权的情形，债权人有权就该财产优先受偿。前款规定的债务人或者第三人为抵押人，债权人为抵押权人，提供担保的财产为抵押财产。可见，该规定明确了不论动产或者不动产，债务人或第三人（抵押人）提供的抵押物不转移占有，抵押物仍可以由债务人或第三人占有使用。

但此处还应当注意区分动产抵押与动产质押的不同。《民法典》第四百二十五条规定，为担保债务的履行，债务人或者第三人将其动产出质给债权人占有的，债务人不履行到期债务或者发生当事人约定的实现质权的情形，债权人有权就该动产优先受偿。也就是说，成立动产质押权的，债务人或第三人（出质人）应将质押物交付给债权人（质权人）占有。否则，动产质权不成立。

88 抵押物灭失或价值减损的，抵押权人该如何救济？

根据《民法典》第三百九十条的规定，担保期间，担保财产毁损、灭失或者被征收等，担保物权人可以就获得的保险金、赔偿金或者补偿金等优先受偿。例如，A 与 B 签订抵押合同后办理抵押登记，A 为抵押人，B 为抵押权人，抵押物为 A 所有的一辆小汽车。后 A 在路面行驶过程中，小汽车被撞毁，获得保险公司的赔偿金一笔。而此时，B 作为抵押权人，在抵押物小汽车灭失后，有权就小汽车获得的赔偿金（即保险金）获得优先受偿。

根据《民法典》第四百零八条的规定，抵押人的行为足以使抵押财产价值减少的，抵押权人有权请求抵押人停止其行为。抵押财产价值减少的，抵押权人有权请求恢复抵押财产的价值，或者提供与减少的价值相应的担保。抵押人不恢复抵押财产的价值也不提供担保的，抵押权人有权请求债务人提前清偿债务。例如，A 向 B 借款，同时与 B 签订抵押合同后办理抵押登记，A 为抵押人，B 为抵押权人，抵押物为 A 所有的一辆小汽车。后 A 经常将小汽车借给刚考取驾照的好友 C，由于技术不熟练，C 经常造成车辆磕碰事故。而此时，B 作为抵押权人，在抵押物小汽车价值减损后，有权要求 A 及时维修小汽车恢复抵押财产的价值，或者要求 A 提供与减少的价值相应的担保。如果 A 拒绝 B 提出的上述合理要求，既不恢复抵押车辆的价值又不提供担保的话，B 有权要求其提前清偿债务。

89 抵押期间，抵押人是否可以转让抵押物？

《民法典》第四百零六条规定，抵押期间，抵押人可以转让抵押财产。当事人另有约定的，按照其约定。抵押财产转让的，抵押权不受影响。抵押人转让抵押财产的，应当及时通知抵押权人。抵押权人能够证明抵押财产转让可能损害抵押权的，可以请求抵押人将转让所得的价款向抵押权人提前清偿债务或者提存。转让的价款超过债权数额的部分归抵押人所有，不足部分由债务人清偿。

【案例5-5】债权未到期担保物灭失，所获赔偿是否应当提前清偿债权？

2012年10月30日，原某与平某签订《借款合同》，约定原某向平某提供借款30万元，借款期限自2012年10月31日至2013年10月31日。同日，第三人李某与原某签订《最高额抵押合同》，提供其工厂一套进口大型生产设备作为抵押物，为平某的上述债务承担抵押担保责任，并办理了抵押担保登记。

2012年11月29日，李某的厂房坍塌，导致用于抵押的上述大型生产设备灭失，由于此前李某就该套设备购买了高额保险，为此保险公司很快对设备损毁灭失情况作评估之后给付了赔偿金。后李某领取了全部补偿款。

原某认为，李某用于提供担保的大型设备已经灭失损毁，抵押物已经不存在，为保护自己的权益，李某应当用保险公司赔付款承担抵押担保责任，提前对抵押担保债务进行清偿。但李某表示，原某对平某的债权还未到期，不应当提前清偿。为此，双方发生纠纷。

律师指引　根据《民法典》第三百九十条的规定，担保期间，担保财产毁损、灭失或者被征收等，担保物权人可以就获得的保险金、赔偿金或者补偿金等优先受偿。被担保债权的履行期未届满的，也可以提存该保险金、赔偿金或者补偿金等。也就是说，抵押物灭失或被征收的，抵押权人可以就获得的赔偿金或补偿金优先受偿，若此时被担保债权履行期限还未届满的，可以将赔偿金或补偿金提存，并不必然要提前清偿债务。

在上述案件中，李某为平某向原某的借款提供抵押担保，抵押物灭失后获得保险赔偿金，原某有权就该款项优先受偿。由于此时被担保债权的履行期尚未届满，可将保险赔偿金先予以提存，待债权履行期限届满时，再进行优先受偿。

【案例 5–6】在既有抵押担保又有保证担保的情况下，主张担保物权时是否有顺序要求？

2014 年 2 月 13 日，A 公司与 B 银行签订了《流动资金借款合同》，约定：A 公司向 B 银行借款 500 万元；借款期限自 2014 年 2 月 13 日起至 2015 年 2 月 12 日止；借款利率为年利率 8.4%；还款方式为按月还息，到期还本。同时，C 担保公司为 A 公司与 B 银行的借款合同提供保证担保，与 B 银行签订《保证合同》，约定：保证方式为连带责任保证；保证范围包括主债权本金、利息、复利、罚息、违约金、损害赔偿金、汇率损失及实现债权的费用；保证期间为借款期限届满次日起两年。

2014 年 2 月 13 日，A 公司、B 银行与 D 电子公司签订《抵押担保合同》，约定 D 电子公司以自己的一批电子产品为 A 公司于 2014 年 2 月 13 日与 B 银行签订的主债额为 500 万元的借款合同提供抵押担保。2014 年 2 月 28 日，上述抵押的电子产品办理了抵押登记。

后 A 公司因为资金链断裂，未能按期还款，B 银行要求 C 担保公司与D电子公司承担担保责任。但C担保公司认为，自己提供的是保证担保，而D公司提供的是抵押担保，B银行应当先向D电子公司主张抵押担保责任，不足的部分，再向C公司主张保证责任。

律师指引　物的担保，是以债务人或第三人的特定财产作为抵偿债权的标的担保，包括抵押担保、质押担保、留置担保等。人的担保，指的是以特定人的信用做保证，担保债务人履行债的担保，一般指保证担保。根据《民法典》第三百九十二条的规定，被担保的债权既有物的担保又有人的担保的，债务人不履行到期债务或者发生当事人约定的实现担保物权的情形，债权人应当按照约定实现债权；没有约定或者约定不明确，债务人自己提供物的担保的，债权人应当先就该物的担保实现债权；第三人提供物的担保的，债权人可以就物的担保实现债权，也可以请求保证人承担保证责任。提供担保的第三人承担担保责任后，有权向债务人追偿。可见，《民法典》对于担保关系中的债权实现顺序作出了严格的规定。首先，有约定按照约定。其次，没有约定的情况下，既有物的担保又有人的担保的情况时，如果物的担保是债务人自己提供的，那么此时债权人要求实现担保物权具有严格的顺序限制，应当先要求实现物的担保；如果物的担保非债务人而是第三人提供的，那么债权人可以任意选择实现物的担保或人的担保，无顺序限制。

在上述案例中，C担保公司为A公司的借款提供了人的担保，D电子公司为A公司的借款提供了物的担保。本案虽有物的担保，但担保物并非债务人A公司自己所提供，因此B银行可以就物的担保实现债权，亦可要求保证人承担保证责任，并无顺序限制。

➡ 律师指引　值得提醒的是，如果A公司是以自己的财产作为物的担保，那么此时债权人B银行要求实现担保物权就具有了严格的顺序限制，应当先要求债务人A公司以自己提供的物的担保先予以清偿。

第三节　动产质押

90 什么是质权？

《民法典》第四百二十五条规定，为担保债务的履行，债务人或者第三人将其动产出质给债权人占有的，债务人不履行到期债务或者发生当事人约定的实现质权的情形，债权人有权就该动产优先受偿。前款规定的债务人或者第三人为出质人，债权人为质权人，交付的动产为质押财产。根据《物权法》相关规定，下列财产可以设定质权：(1) 动产；(2) 汇票、支票、本票；(3) 债券、存款单；(4) 仓单、提单；(5) 可以转让的基金份额、股份；(6) 可以转让的注册商标专用权、专利权、著作权等知识产权中的财产权；(7) 应收账款；(8) 法律、行政法规规定可以出质的其他财产权利。其中，以动产质押的叫动产质权，以其他权利质押的叫权利质权。

91 质押物未交付债权人，质押合同和质权是否有效？

根据《民法典》第四百二十九条规定，质权自出质人交付质押财产时设立。同时，《民法典》第五百零二条还规定，依法成立的合同，自成立时生效，但是法律另有规定或者当事人另有约定的除外。依照法律、行政法规的规定，合同应当办理批准等手续的，依照其规定。未办理批准等手续影响合同生效的，不影响合同中履行报批等义务条款以及相关条款的效力。应当办理申请批准等手续的当事人未履行义务的，对方可以请求其承担违反该义务的责任。依照法律、行政法规的规定，合同的变更、转让、解除等情形应当办理批准等手续的，适用前款规定。按照上述法律规定，出质人与质权人订立动产质权合同，符合法律规定的条件，即发生效力。但是，在转移质物的占有之前，动产质权并不生效，只有出质人实际交付质物时，质权才发生效力。也就是说，未交付质押物并不意味着质押合同没有效力，只是质权没有成立，质押人应当对质权人承担违约责任。

92 质押期间，质押财产的孳息归谁所有？

根据《民法典》第四百三十条规定，质权人有权收取质押财产的孳息，但合同另有约定的除外。前款规定的孳息应当先充抵收取孳息的费用。也就是说，当事人可以在合同中明确约定质押财产的孳息归谁所有，但是如果合同没有约定或者约定不明确的情况下，质权人有权收取质物所产生的孳息。

【案例 5–7】质权人放弃质权，债务人可否在质权担保范围内免除偿还义务？

A 加工厂是个体工商户，其经营业主为姚某。B 公司欠 A 加工厂零件加工款 378 007 元。2010 年 12 月 31 日，姚某与 B 公司签订了一份《付款协议》，就 B 公司所欠姚某加工货款 378 007 元的偿还问题作如下约定：该笔货款已过付款期限，双方协商约定将 B 公司一条线设备（包括ACF设备2台、FOG设备1台、BYJ设备1台、COGP700A设备1台）共5台设备作为货款质押给A加工厂；姚某负责提供场地给B公司放置该批质押设备，不收取质押人场地租金及保管费用；质押期为3个月，从协议签订之日计算，质押到期后B公司需将货款378 007元打入A加工厂账户或以现金、支票方式交给A加工厂；到期如B公司不能支付所欠货款，姚某有权扣押该批质押设备拍卖抵债，或将设备拍卖，拍卖所得若不足以支付货款，A加工厂有权向B公司索要余款，拍卖所得若高于需支付货款，多余部分需归还B公司。

随后，B公司未能如期还款，姚某径直要求B公司还款。但B公司此时提出，姚某只有将该质押设备拍卖，不足部分才有权向B公司追索。

律师指引　动产质押权是担保物权，其实质是债务人不履行债务时，债权人有在质押动产处置范围内优先受偿的权利，因此也是一种优先权。根据《民法典》第四百三十五条的规定，质权人可以放弃质权。债务人以自己的财产出质，质权人放弃该质权的，其他担保人在质权人丧失优先受偿权益的范围内免除担保责任，但其他担保人承诺仍然提供担保的除外。

在上述案例中，姚某与B公司约定债务人B公司用自己所有的机器设备向姚某经营的A加工厂作质押，以担保货款的支付，该约定合法有效。姚某经营的A加工厂放弃质押物优先受偿权，并没有加重债务人的义务，或侵害其权利，B公司仍负有向债权人偿还债务的义务。因此，B公司无权要求姚某只有将该质押设备拍卖，不足部分才有权向B公司追索。

放弃质权是指质权人放弃其因享有质权而优先于普通债权人就质

权受清偿的行为，放弃质权是质权人对自己权利的一种处分，是质权人权利的内容，放弃质权以质权人单方意思表示即可，无须取得出质人的同意。质权人主动放弃质权的，没有加重债务人义务，或侵害其权利的，债务人无权请求在质权担保范围内免除偿还债务的义务。特别需要提醒的是，如果还有其他担保人的话，其他担保人可以在质权人丧失优先受偿权益的范围内免除担保责任。

第四节　动产留置

93 如何取得留置权？

根据《民法典》第四百四十七条的规定，债务人不履行到期债务，债权人可以留置已经合法占有的债务人的动产，并有权就该动产优先受偿。前款规定的债权人为留置权人，占有的动产为留置财产。而行使留置权应当满足以下条件：（1）债权人合法占有债务人的动产。占有是当事人基于一定的债权关系事先合法占有债务人的财产，且是动产（不动产不适用留置权）。（2）债权已届清偿期。法律设立留置权的目的在于满足和保证对债权的清偿。

94 留置权人是否可以使用所留置的财产？

根据《民法典》第四百五十一条的规定，留置权人负有妥善保管留置财产的义务；因保管不善致使留置财产毁损、灭失的，应当承担赔偿责任。原则上来说，未经过债务人同意，留置人是不能够使用、出租、出借留置财产或者擅自将留置财产作为其他债权的担保物的。

但是，允许出于保管本身的需要而在必要范围内使用留置财产。

95 同一动产上设立质权后又被留置，质权和留置权谁优先受偿？

根据《民法典》第四百五十六条的规定，同一动产上已设立抵押权或者质权，该动产又被留置的，留置权人优先受偿。也就是说，不论留置权是产生在抵押权、质权之前或之后，也不论留置人在留置动产时是善意还是恶意，留置权的效力均优先于抵押权或质权。

【案例5-8】单位拖欠报酬，劳动者可否对单位财产行使留置权？

长三角公司名下登记有一辆小轿车，卢某原系长三角公司副总经理，长三角公司2013年9月6日购买该车后即交付卢某使用。2014年2月21日，长三角公司向卢某送达《关于卢某同志旷工和挪/占用公司财产处罚通告》，载明卢某“连续旷工13日，我公司多次通知拒不去集团物流园报到也不来交易所并挪用和拒还公司小轿车，其行为违反了我司《员工手册》的规定，属于严重的违纪行为，从即日起给予辞退处理”等内容。

卢某对解除劳动关系并无异议，但认为长三角公司解除劳动关系违法，应向其支付拖欠的工资、社保金及经济补偿金，因此拒绝向长三角公司返还小轿车。

➲ 律师指引 《民法典》第四百四十七条第一款规定，债务人不履行到期债务，债权人可以留置已经合法占有的债务人的动产，并有权就该动产优先受偿。第四百四十八条规定，债权人留置的动产，应当与债权属于同一法律关系，但企业之间留置的除外。根据法律规定及法律体系的架构，留置权的行使要件之一应为存在平等主体间的债权债务关系。留置权是担保物权之一，在性质上是平等主体间实现债权的一种方式，其平等性表现在债权人可通过留置债务人的动产对抗债务人，督促其履行债务，并可通过对留置物进行变价优先受偿来保护债权。而劳动关系一方为用人单位，另一方为劳动者，与一般的民事关系相比，双方在履行劳动合同过程中处于管理和被管理的不平等关系，劳动者不能基于劳动管理关系而对所占有的用人单位的财产适用留置，否则将导致劳动管理秩序的紊乱。《中华人民共和国劳动法》及《中华人民共和国劳动合同法》对劳动者的合法权利设置了倾斜性保护条款，劳动者可通过法定的正当途径保护自己的劳动债权，为此不再鼓励使用私力救济方式保护劳动债权，因为这不仅影响劳动生产和管理秩序，还将造成债权债务保护的不公平性。另外，由于留置权具有优先受偿性，不仅优于一般债权人，还优先于享有抵押权、质押权人的其他债权人，而劳资纠纷产生于用人单位与劳动者之间，本质上是经济组织的内部纠纷，从用人单位与劳动者共担经营风险的角度而言，也不应通过行使留置权而优先于外部债权人受偿。

律师指引 上述案例中，卢某所扣留的小轿车，不是双方劳动合同关系的标的物，不符合“同一法律关系”的构成要件。按照法律规定，除企业间留置外，留置的动产应与债权属于同一法律关系。而卢某被长三角公司安排在管理岗位，分管行政事务、财务以及人事工作，小轿车是长三角公司为公司高管出行提供的便利，并非是双方建立的劳动关系的标的物，长三角公司收回车辆的行为也并不影响原有劳动关系的履行。因此，不论劳动合同是否解除，长三角公司均有基于所有权而不是基于劳动关系要求卢某返还车辆的权利。

综上，留置权是平等主体之间实现债权的担保方式；除企业之间留置的外，债权人留置的动产，应当与债权属于同一法律关系。劳动关系主体双方在履行劳动合同过程中处于管理与被管理的不平等关系。因用人单位供其使用的工具、物品等动产不是劳动合同关系的标的物，与劳动债权不属于同一法律关系，劳动者无权以用人单位拖欠劳动报酬为由主张对其行使留置权。因此，在遭遇欠薪时，劳动者不得采取留置公司财产等极端措施，要避免因此行为承担损害赔偿责任。

【案例 5-9】非法占有的物品，可否行使留置权？

甲、乙系亲戚关系，2015 年 12 月 21 日，乙借用甲的小型普通客车，约定借三天之后归还。但一周过后，乙以甲欠其钱未还为由，将该车扣留于乙居住的小区内，不肯归还。甲曾多次催要车辆，但都遭到乙的拒绝，理由是双方应清结债权债务关系后予以归还。

➲ 律师指引　根据《民法典》第二百三十五条的规定，无权占有不动产或者动产的，权利人可以请求返还原物。在上述案例中，车辆登记在甲名下，系甲所有。乙借用该车辆后到期未予归还，在甲明确要求乙返还车辆的前提下，乙占有该车辆也已丧失法律依据，理应归还，更无权对其行使留置权。

需要提醒的是，行使留置权的对象只能是合法占有的对象，如果是非法占有的动产，即使是属于同一法律关系，债务人也是无权行使留置权的。

【案例 5-10】债权人与债务人可否约定排除留置权?

2015 年 5 月,A 公司与 B 公司签订了《国内集装箱陆路运输合同》,约定 B 公司为 A 公司提供内贸集装箱陆路运输服务,B 公司不得以任何理由或以其他任何方式扣留 A 委托其运输的货物。

同年 9 月 30 日,A 公司受货主 C 公司委托从山东运输价值 196 194.70 元的镀锌卷至广东。之后,A 公司委托 B 公司承运该批货物,由 B 公司指派车辆前往 C 公司提货和运输。但随后,B 公司以 A 公司拖欠其运费 107 045 元为由,于 2015 年 10 月 4 日扣留了该批货物,致使 A 公司按照该货物价值,以运费抵扣的方式向货主 C 公司赔偿了 196 194.70 元。为此,双方就 B 公司是否有权留置货物产生纠纷。

➲ 律师指引　根据《民法典》第四百四十九条规定,法律规定或者当事人约定不得留置的动产,不得留置。也就是说,当事人可以约定不得留置的动产。

上述案例中,货物的运输发生在 A 公司与 B 公司签订的《国内集装箱陆路运输合同》有效期间内,而该合同明确约定了 B 公司不得以任何理由或以其他任何方式扣留 A 公司的货物,为此 B 公司无权留置货物。在双方当事人事先约定排除留置权的情况下,债权人不得再行留置权,否则需承担相应的侵权或违约责任。

第六章 物权与诉讼

96 物权受到侵害时，可以通过哪些途径保护权利?

物权受到侵害时，可以通过以下途径保护权利:

（1）和解: 当事人通过协商自行解决问题。

（2）调解: 在第三方的主持下，当事人在自愿协商、互谅互让的基础上达成协议，从而解决纠纷。

（3）仲裁: 纠纷当事人在自愿的基础上达成仲裁协议。将纠纷提交仲裁委员会进行审理，并作出对争议各方均有约束力裁决的解决纠纷方式。与诉讼相比，仲裁更注重当事人的自由的意思表示，当事人自主地选择仲裁方式、仲裁机构、仲裁人员、仲裁事项、仲裁地点等，不受非法干预，承受选择结果。

（4）诉讼: 当事人将争议事项提交法院裁判。

97 《土地管理法》《城市房地产管理法》《农村土地承包法》等法律对物权有特别规定的，应该如何适用？

由于《土地管理法》《城市房地产管理法》《农村土地承包法》等法律对某一方面的物权作出了特别规定，相比《民法典》规定得更加具体，且更有针对性。所以当遇到物权纠纷时，按照特别法优先的原则，应当优先适用《土地管理法》《城市房地产管理法》《农村土地承包法》等法律中涉及物权的规定。

98 国家出资的企业物权受侵害或侵害他人物权，由谁行使救济权利或履行义务？

根据《民法典》第二百五十七条规定，国家出资的企业，由国务院、地方人民政府依照法律、行政法规规定分别代表国家履行出资人职责，享有出资人权益。《企业国有资产监督管理暂行条例》第五条规定，国务院代表国家对关系国民经济命脉和国家安全的大型国有及国有控股、国有参股企业，重要基础设施和重要自然资源等领域的国有及国有控股、国有参股企业，履行出资人职责。国务院履行出资人职责的企业，由国务院确定、公布。省、自治区、直辖市人民政府和设区的市、自治州级人民政府分别代表国家对由国务院履行出资人职责以外的国有及国有控股、国有参股企业，履行出资人职责。其中，省、自治区、直辖市人民政府履行出资人职责的国有及国有控股、国有参股企业，由省、自治区、直辖市人民政府确定、公布，并报国务院国有资产监督管理机构备案；其他由设区的市、自治州级人民政府履行出资人职责的国有及国有控股、国有参股企业，由设区的市、自治州级人民政府确定、公布，并报省、自治区、直辖市人民政府国有资产监督管理机构备案。国务院，省、自治区、直辖市人民政府，设区的市、自治州级人民政府履行出资人职责的企业，以下统称所出资企业。该暂行条例的第六条还规定，国务院，省、自治区、直辖市人民政府，设区的市、自治州级人民政府，分别设立国有资产监督管理机构。国有资产监督管理机构根据授权，依法履行出资人职责，依法对企业国有资产进行监督管理。可见，国家出资的企业，由国务院和地方人民政府设立国有资产管理委员会，代表国家享有权利、履行义务。

99 因法院生效判决改变物权人的，所有权何时转移？

根据《民法典》第二百二十九条的规定，因人民法院、仲裁机构的法律文书或者人民政府的征收决定等，导致物权设立、变更、转让或者消灭的，自法律文书或者征收决定等生效时发生效力。因此，在法院判决生效时，物权发生转移。

100 物权受到侵害，损害赔偿与其他民事责任请求权能否并用？

根据《民法典》第二百三十八条的规定，侵害物权，造成权利人损害的，权利人可以依法请求损害赔偿，也可以依法请求承担其他民事责任。也就是说，当物权受到侵害给物权人造成损失的，物权人有权请求赔偿损失，同时物权人还可以请求停止侵害、排除妨害、返还原物、赔礼道歉等。

101 遇到涉外物权纠纷应当如何适用法律?

根据《中华人民共和国涉外民事关系法律适用法》(以下简称《涉外民事关系法律适用法》) 有关规定，处理涉外物权纠纷案件应按照以下几种情形适用法律:(1) 不动产物权适用不动产所在地法律;(2) 当事人可以协议选择动产物权适用的法律。当事人没有选择的，适用法律事实发生时动产所在地法律;(3) 当事人可以协议选择运输中动产物权发生变更适用的法律。当事人没有选择的，适用运输目的地法律;(4) 有价证券适用有价证券权利实现地法律或者其他与该有价证券有最密切联系的法律;(5) 权利质权适用质权设立地法律。

【案例 6-1】物权受到侵害，能否要求侵权人恢复原状，同时赔偿损失?

潘某系某小区业主。2011 年 6 月，H 房地产公司于楼上施工。潘某发现自家墙皮起包，地面有水。2012 年 3 月因下雨导致潘某居住的上述房屋客厅飘窗四周、主卧阳台窗户、次卧东南墙面、次卧屋顶与墙体交接处等多处有渗水痕迹。2016 年 9 月 H 房地产公司派人对潘某的屋顶进行防水处理。但后来遇雨天潘某仍发现房屋有渗水现象发生。潘某与 H 房地产公司协商未果。

经过司法鉴定，H 房地产公司在潘某楼上进行改建装修时破坏了潘某房屋防水致使墙面有渗水点，卫生间、厨房和主卧阳台下水管周围均有渗水，虽然 H 房地产公司曾对潘某屋顶进行过维修，但防水层上部没有铺设保护层，防水层容易再次损坏，所采用补救措施不能长久解决漏水问题。潘某要求 H 房地产公司赔偿损失并将防水层恢复原状，遭到H房地产公司拒绝。

➲ 律师指引　根据《民法典》第二百三十八条规定，侵害物权，造成权利人损害的，权利人可以依法请求损害赔偿，也可以依法请求承担其他民事责任。《物权法》第三十六条规定，造成不动产或者动产毁损的，权利人可以请求修理、重作、更换或者恢复原状。也就是说，被侵害物权的权利人，可以要求侵权人同时承担一种或多种责任，包括赔偿损失、恢复原状、修理、更换等。

在上述案例中，潘某的房屋漏水系因H房地产公司施工破坏防水层导致，潘某作为房屋权利人，有权请求修理、重作或者恢复原状并赔偿损失。

【案例6-2】所有权归属不明，能否请求法院判决确认？

袁某与何某、李某签订《车辆融资租赁合同及附件》，约定袁某向何某、李某融资租赁出租车辆，租赁车辆为袁某所有，但为了何某与李某使用租赁车辆方便和便于管理，协议约定车辆牌照以何某名义上牌。协议签订后，袁某按照约定将车辆交付给何某与李某，并以何某的名义办理了牌照。

后因李某与何某未依约按期支付租金，袁某将何某起诉到法院，请求判令确认租赁车辆为袁某所有，何某协助办理车辆变更登记。

➲ 律师指引　所谓确认之诉是指原告请求法院确认其与被告之间存在或不存在某种法律关系的诉讼。该诉之目的在于消除当事人有关某种法律关系存在或不存在的争议，使当事人之间的法律关系确定化。

现存的法律关系可成为确认之诉的客体，而事实则不得作为确认之诉的客体，简而言之，当事人可以法律关系存在争议为由提起确认之诉，但以事实真相不清为由提起诉讼的，法院不予受理。

根据《民法典》第二百三十四条规定，因物权的归属、内容发生争议的，利害关系人可以请求确认权利。在上述案例中，袁某因车辆所有权问题与何某发生争议，有权请求法院确认车辆的所有权归属问题。

【案例6-3】法院判决不动产权属变更后未办理登记，所有权是否转移？

2003年12月25日，某市人民法院作出民事判决，确认某房屋底层统间的产权归孙某所有。但孙某未依据判决及时办理变更登记，房屋的房地产登记簿中原注记信息一栏记载为："2006-03-27产权人为顾某等七人（未包括孙某）。今后处置房产时，按继承法规定办理。"

2014年7月9日，房屋被列入房屋征收范围。2015年9月11日，区政府就该被征收房屋作出被诉征收补偿决定，认定被征收人为孙某。但房地产登记簿中的产权人顾某等七人不满，认为孙某非产权人，区政府不应向其作出补偿。

➡ 律师指引　根据《民法典》第二百二十九条的规定，因人民法院、仲裁机构的法律文书或者人民政府的征收决定等，导致物权设立、变更、转让或者消灭的，自法律文书或者征收决定等生效时发生效力。

在上述案例中，法院作出的生效民事判决已经确认被征收房屋的产权归孙某一人所有，虽然孙某未于民事判决生效后及时办理相应产权变更登记，出现房地产登记簿显示的权属状态与法院生效裁判确立的权属状态之间存在不一致的情形，但该情形并不影响孙某依据生效的法律文书对房屋享有不动产物权。

【案例 6-4】房屋所有权转让过户，能否排除对所在地块建设用地使用权的强制执行?

刘某与赵某产生经济纠纷，赵某向法院申请强制执行刘某名下 A 地块的建设用地使用权。在执行过程中，案外人张某主张 A 地块的建设用地使用权应当归自己所有，因其已取得附着于 A 地块商品房的所有权。

据查，2015 年，张某与刘某签订《商品房买卖合同》，购买其名下 1 栋 1001 房（附着于 A 地块的商品房），商品房用途为住宅，上述《商品房买卖合同》已办理备案登记，且张某已经一次性付清所有购房款。2017 年 1 月 3 日，A 地块所在小区物业服务中心也出具证明：张某为 1 栋 1001 房的业主。

➡ 律师指引　根据《民法典》第三百五十七条规定，建筑物、构筑物及其附属设施转让、互换、出资或者赠与的，该建筑物、构筑物及其附属设施占用范围内的建设用地使用权一并处分。据此，转让房屋所有权的，应当将房屋占用范围内的建设用地使用权一并转让。此外，根据《民法典》第三百五十六条规定，建设用地使用权转让、互换、出资或者赠与的，附属于该土地上的建筑物、构筑物及其附属设施一并处分。按照我国“房地一体”原则，房屋所有权与建设用地使用权其中之一的权利被处置时，另一权利也要随之处置，以保证两个权利最终归属同一个主体。

在上述案例中，张某购买了土地上的房屋，因此房屋项下土地应视为一并转让，房屋之买卖合同效力及于房屋项下土地使用权。为此，张某作为案外人对房屋占用范围内土地享有的使用权，可以排除赵某向法院申请的强制执行。

第二编　最高人民法院指导案例参考

指导案例 65 号

上海市虹口区J大厦小区业主大会诉上海H实业总公司业主共有权纠纷案

案由：民事　业主共有权纠纷

案号：（2011）沪二中民二（民）终字第 1908 号

案件索引：2011 年 09 月 21 日 － 上海市第二中级人民法院

关键词

民事　业主共有权　专项维修资金　法定义务　诉讼时效

裁判要旨

专项维修资金是专门用于物业共用部位、共用设施设备保修期满后的维修、更新和改造的资金，属于全体业主共有。缴纳专项维修资金是业主为维护建筑物的长期安全使用而应承担的一项法定义务。业主拒绝缴纳专项维修资金，并以诉讼时效提出抗辩的，人民法院不予支持。

一、基本案情

2004 年 3 月，被告上海 H 实业总公司（以下简称“H 公司”）取得上海市虹口区 J 大厦底层、二层房屋的产权，底层建筑面积 691.36 平方米、二层建筑面积 910.39 平方米。H 公司未支付过上述房屋的专项维修资金。2010 年 9 月，原告J大厦小区业主大会（以下简称“J业主大会”）经征求业主表决意见，决定由J业主大会代表业主提起追讨维修资金的诉讼。J业主大会向法院起诉，要求H公司就其所有的J大厦底层、二层的房屋向原告缴纳专项维修资金 57 566.9 元。被告H公司辩称，其于 2004 年获得房地产权证，至本案诉讼有 6 年之久，原告从未主张过维修资金，该请求已超过诉讼时效，不同意原告诉请。

上海市虹口区人民法院于 2011 年 7 月 21 日作出（2011）虹民三（民）初字第 833 号民事判决，判决被告H公司应向原告J业主大会缴纳J大厦底层、二层房屋的维修资金 57566.9 元。宣判后，H公司向上海市第二中级人民法院提起上诉。上海市第二中级人民法院于 2011 年 9 月 21 日作出（2011）沪二中民二（民）终字第 1908 号民事判决，判决驳回上诉，维持原判。

法院生效裁判认为：《中华人民共和国物权法》第七十九条①规定，“建筑物及其附属设施的维修资金，属于业主共有。经业主共同决定，可以用于电梯、水箱等共有部分的维修。”《物业管理条例》第五十三条第二款规定，“专项维修资金属于业主所有，专项用于物业保修期满后物业共用部位、共用设施设备的维修和更新、改造，不得挪作他用”。《住宅专项维修资金管理办法》（建设部、财政部令第 165 号）第二条第二款规定，“本办法所称住宅专项维修资金，是指专项用于住宅共用部位、共用设施设备保修期满后的维修和更新、改造的资金。”依据上述规定，维修资金性质上属于专项基金，系为特定目的，即为住宅共用部位、共用设施设备保修期满后的维修和更新、改造而专设的资金。它在购房款、税费、物业费之外，单独筹集、专户存储、单独核算。

① 《民法典》实施后修订为第二百八十一条。

由其专用性所决定，专项维修资金的缴纳并非源于特别的交易或法律关系，而是为了准备应急性地维修、更新或改造区分所有建筑物的共有部分。由于共有部分的维护关乎全体业主的共同或公共利益，所以维修资金具有公共性、公益性。

《物业管理条例》第七条第四项规定，业主在物业管理活动中，应当履行按照国家有关规定交纳专项维修资金的义务。第五十三条第一款规定："住宅物业、住宅小区内的非住宅物业或者与单幢住宅楼结构相连的非住宅物业的业主，应当按照国家有关规定交纳专项维修资金。"依据上述规定，缴纳专项维修资金是为特定范围的公共利益，即建筑物的全体业主共同利益而特别确立的一项法定义务，这种义务的产生与存在仅仅取决于义务人是否属于区分所有建筑物范围内的住宅或非住宅所有权人。因此，缴纳专项维修资金的义务是一种旨在维护共同或公共利益的法定义务，只存在补缴问题，不存在因时间经过而可以不缴的问题。

业主大会要求补缴维修资金的权利，是业主大会代表全体业主行使维护小区共同或公共利益之职责的管理权。如果允许某些业主不缴纳维修资金而可享有以其他业主的维修资金维护共有部分而带来的利益，其他业主就有可能在维护共有部分上支付超出自己份额的金钱，这违背了公平原则，并将对建筑物的长期安全使用，对全体业主的共有或公共利益造成损害。

基于专项维修资金的性质和业主缴纳专项维修资金义务的性质，被告H公司作为J大厦的业主之一，不依法自觉缴纳专项维修资金，并以业主大会起诉追讨专项维修资金已超过诉讼时效进行抗辩，该抗辩理由不能成立。原告根据被告所有的物业面积，按照同期其他业主缴纳专项维修资金的计算标准算出的被告应缴纳的数额合理，据此判决被告应当按照原告诉请支付专项维修资金。

二、争议焦点分析

（一）关于小区住宅专项维修资金的性质问题

原告业主大会认为，住宅专项维修资金属于小区业主共同负担的维修资金。

被告业主方H公司认为，专项维修基金是享受物业服务的报酬性资金。

法院经审理认为，根据《物权法》第七十九条[①]、《物业管理条例》第五十三条第二款[②]、《住宅专项维修资金管理办法》第二条第二款[③]相关规定，维修资金性质上属于专项基金，系为特定目的，即为住宅共用部位、共用设施设备保修期满后的维修和更新、改造而专设的资金。它在购房款、税费、物业费之外，单独筹集、专户存储、单独核算。

---

① 《中华人民共和国物权法》第七十九条【建筑物及其附属设施的维修基金的归属、用途以及筹集与使用】建筑物及其附属设施的维修资金，属于业主共有。经业主共同决定，可以用于电梯、水箱等共有部分的维修。维修资金的筹集、使用情况应当公布。《民法典》实施后修订为第二百八十一条。

② 《物业管理条例》第五十三条 住宅物业、住宅小区内的非住宅物业或者与单幢住宅楼结构相连的非住宅物业的业主，应当按照国家有关规定交纳专项维修资金。

专项维修资金属于业主所有，专项用于物业保修期满后物业共用部位、共用设施设备的维修和更新、改造，不得挪作他用。

专项维修资金收取、使用、管理的办法由国务院建设行政主管部门会同国务院财政部门制定。

③ 《住宅专项维修资金管理办法》第二条 商品住宅、售后公有住房住宅专项维修资金的交存、使用、管理和监督，适用本办法。

本办法所称住宅专项维修资金，是指专项用于住宅共用部位、共用设施设备保修期满后的维修和更新、改造的资金。

由其专用性所决定，专项维修资金的缴纳并非源于特别的交易或法律关系，而是为了准备应急性地维修、更新或改造区分所有建筑物的共有部分。由于共有部分的维护关乎全体业主的共同或公共利益，所以维修资金具有公共性、公益性。

关于该争议焦点，诉讼当时《物权法》针对专项维修资金的收取、使用等问题均有明确规定，其在性质上属于专款专用的专项资金。来源于小区业主共有关系之下对于共有物的维护义务。关乎小区业主的公共利益，必须经过特定收取，用于特定用途。

（二）关于缴纳专项维修资金是否为业主法定义务问题

原告业主大会认为，住宅专项维修资金应当由小区业主共同负担。

被告业主方 H 公司认为，H 公司在不使用电梯等公用设备、其他物业服务也自行完成的情况下无须支付专项维修资金。

法院经审理认为，专项维修资金的缴纳并非源于特别的交易或法律关系，《物业管理条例》第七条第四项①及第五十三条第一款②规定，缴纳专项维修资金是为特定范围的公共利益，即建筑物的全体业主共

① 《物业管理条例》第七条 业主在物业管理活动中，履行下列义务：（一）遵守管理规约、业主大会议事规则；（二）遵守物业管理区域内物业共用部位和共用设施设备的使用、公共秩序和环境卫生的维护等方面的规章制度；（三）执行业主大会的决定和业主大会授权业主委员会作出的决定；（四）按照国家有关规定交纳专项维修资金；（五）按时交纳物业服务费用；（六）法律、法规规定的其他义务。

② 《物业管理条例》第五十三条 住宅物业、住宅小区内的非住宅物业或者与单幢住宅楼结构相连的非住宅物业的业主，应当按照国家有关规定交纳专项维修资金。

专项维修资金属于业主所有，专项用于物业保修期满后物业共用部位、共用设施设备的维修和更新、改造，不得挪作他用。

专项维修资金收取、使用、管理的办法由国务院建设行政主管部门会同国务院财政部门制定。

同利益而特别确立的一项法定义务，这种义务的产生与存在仅仅取决于义务人是否属于区分所有建筑物范围内的住宅或非住宅所有权人。

关于该争议焦点，需首先分析专项维修资金缴纳义务的来源。业主缴纳专项维修资金更多依据的是与其他业主之间物权上的共有关系，是由所有权延伸出来的权利。根据《物业管理条例》的相关规定，交纳专项维修资金是业主应尽的法定义务，只要商品房住户为小区业主，拥有小区专有部分的所有权，就应当支付专项维修资金。在本案中，首先，H 公司为小区业主，其主张的是否使用物业服务也与支付专项维修资金无涉，故其应当按照小区的规定依法支付专项维修资金。

（三）关于专项维修资金的追缴是否适用诉讼时效问题

被告业主方 H 公司认为，其于 2004 年获得房地产权证，至本案诉讼有 6 年之久，原告从未主张过维修资金，该请求已超过诉讼时效，不同意原告诉请。

法院经审理认为，缴纳专项维修资金是为特定范围的公共利益，即建筑物的全体业主共同利益而特别确立的一项法定义务，这种义务的产生与存在仅仅取决于义务人是否属于区分所有建筑物范围内的住宅或非住宅所有权人。因此，缴纳专项维修资金的义务是一种旨在维护共同或公共利益的法定义务，只存在补缴问题，不存在因时间经过而可以不缴的问题。

关于该争议焦点，如前文所述，业主缴纳专项维修资金更多依据的是与其他业主之间物权上的共有关系，是由所有权延伸出来的权利，对于物权的保护不适用诉讼时效，且从另一方面讲，缴纳专项维修基金是法定义务，不能因为超过一定的时间期限就可以免除义务。在上述案例中，不论H公司拖欠专项维修资金经过多长时间，作为共有人的其他小区业主（业主委员会）均可向其主张追缴。

三、案例评析

专项维修资金在房地产业素有房屋物业的“大病保险”“养老金”之称，是由业主共同缴纳，用于物业保修期满后物业共用部位、共用设施设备的维修和更新、改造的专项资金。近年来，有关专项维修基金的纠纷问题日益突出，有关民事诉讼呈现爆发性增长态势，且该类诉讼案件往往涉及业主、房地产开发商、政府机关、物业公司等多方主体，法律关系较为复杂，亟待最高人民法院发布指导案例对司法实践进行指导。

65号指导案例对专项维修基金的定义性质、是否为法定义务、是否适用诉讼时效等问题进行了明确，这有利于促进业主自觉履行依法缴纳专项维修资金义务，保障建筑物长期安全使用和广大业主的共同利益。

四、法律纠纷风险防范启示

（一）业主应当按照法律规定及社区管理规约及时缴纳专项维修资金。如上述分析，缴纳专项维修资金是业主应尽的法定义务，不以享受物业服务为前提，不受诉讼时效的影响，为避免诉累，业主应当及时进行缴纳，如认为社区专项维修基金分摊比例或方式损害自己的权益的，可以向社区反映、投诉，或者依照《民法典》第二百八十条请求法院撤销业主大会或业主委员会有关收取专项维修资金的决议或制度。

（二）业主大会应当就专项维修资金的收取、使用制定合法、公平、明确的制度，并及时履行公示义务。根据《住宅专项维修资金管理办法》第十六条，住宅专项维修资金划转后的账目管理单位，由业主大会决定。业主大会应当建立住宅专项维修资金管理制度。业主大会开立的住宅专项维修资金账户，应当接受所在地直辖市、市、县人民政府建设（房地产）主管部门的监督。由此可见，建立公正透明的住宅专项维修资金管理制度是业主大会的法定义务，也是减少业主纠纷的有效措施。

（三）政府部门应当加强对专项维修资金的监管。根据《住宅专项维修资金管理办法》的相关规定，住宅专项维修资金管理实行专户存储、政府监督的原则，直辖市、市、县人民政府建设（房地产）主管部门应当委托所在地一家商业银行，作为本行政区域内住宅专项维修资金的专户管理银行，并在专户管理银行开立住宅专项维修资金专户，该资金账户应当接受所在地直辖市、市、县人民政府建设（房地产）主管部门的监督。政府有关部门应当监管好住宅专项维修资金账户，严格审查相应的书面决议与审批文件，确保提取专项维修资金的程序符合法律规定，用途为物业共用部位、共用设施设备的维修和更新、改造。

指导案例 72 号

汤某、刘某龙、马某太、王某刚诉 Y 房地产开发有限公司商品房买卖合同纠纷案

案由：民事 商品房销售合同纠纷

案号：（2015）民一终字第 180 号

案件索引：2015 年 10 月 08 日 – 最高人民法院

关键词

民事　商品房买卖合同　借款合同　清偿债务　法律效力　审查

裁判要旨

借款合同双方当事人经协商一致，终止借款合同关系，建立商品房买卖合同关系，将借款本金及利息转化为已付购房款并经对账清算的，不属于《物权法》第一百八十六条[①]规定禁止的情形，该商品房买卖合同的订立目的，亦不属于《最高人民法院关于审理民间借贷案件适用法律若干问题的规定》第二十四条[②]规定的“作为民间借贷合同的担保”。在不存在《合同法》第五十二条[③]规定情形的情况下，该商品

① 《民法典》实施后，修订为第四百零一条。

② 《民法典》实施后，修订为《最高人民法院关于审理民间借贷案件适用法律若干问题的规定（2020 第二次修正）》第二十三条。

③ 《民法典》实施后，合同无效事由便由《民法典》第一百四十四条、第一百四十六条、第一百五十三条、第一百五十四条进行规定。

房买卖合同具有法律效力。但对转化为已付购房款的借款本金及利息数额，人民法院应当结合借款合同等证据予以审查，以防止当事人将超出法律规定保护限额的高额利息转化为已付购房款。

一、基本案情

原告汤某、刘某龙、马某太、王某刚诉称：根据双方合同约定，Y房地产开发有限公司（以下简称“Y公司”）应于2014年9月30日向四人交付符合合同约定的房屋。但至今为止，Y公司拒不履行房屋交付义务。故请求判令：一、Y公司向汤某、刘某龙、马某太、王某刚支付违约金6000万元；二、Y公司承担汤某、刘某龙、马某太、王某刚主张权利过程中的损失费用416 300元；三、Y公司承担本案的全部诉讼费用。

Y公司辩称：汤某、刘某龙、马某太、王某刚应分案起诉。四人与Y公司没有购买和出售房屋的意思表示，双方之间房屋买卖合同名为买卖实为借贷，该商品房买卖合同系为借贷合同的担保，该约定违反了《担保法》第四十条①、《物权法》第一百八十六条的规定，应属无效。双方签订的商品房买卖合同存在显失公平、乘人之危的情况。四人要求的违约金及损失费用亦无事实依据。

法院经审理查明：汤某、刘某龙、马某太、王某刚与Y公司于

---

① 《中华人民共和国担保法》第四十条【抵押合同的禁止】订立抵押合同时，抵押权人和抵押人在合同中不得约定在债务履行期届满抵押权人未受清偿时，抵押物的所有权转移为债权人所有。

《民法典》实施后，有流押条款、流质条款的担保合同，条款本身无效，并不影响整个担保合同的效力。

2013 年先后签订多份借款合同，通过实际出借并接受他人债权转让，取得对 Y 公司合计 2.6 亿元借款的债权。为担保该借款合同履行，四人与 Y 公司分别签订多份商品房预售合同，并向当地房屋产权交易管理中心办理了备案登记。该债权陆续到期后，因 Y 公司未偿还借款本息，双方经对账，确认 Y 公司尚欠四人借款本息 361 398 017.78 元。双方随后重新签订商品房买卖合同，约定 Y 公司将其名下房屋出售给四人，上述欠款本息转为已付购房款，剩余购房款 38 601 982.22 元，待办理完毕全部标的物产权转移登记后一次性支付给 Y 公司。汤某等四人提交的与 Y 公司对账表显示，双方之间的借款利息系分别按照月利率 3% 和 4%、逾期利率 10% 计算，并计算复利。

新疆维吾尔自治区高级人民法院于 2015 年 4 月 27 日作出（2015）新民一初字第 2 号民事判决，判令：一、Y 公司向汤某、马某太、刘某龙、王某刚支付违约金 9 275 057.23 元；二、Y 公司向汤某、马某太、刘某龙、王某刚支付律师费 416 300 元；三、驳回汤某、马某太、刘某龙、王某刚的其他诉讼请求。上述款项，应于判决生效后十日内一次性付清。宣判后，Y 公司以双方之间买卖合同系借款合同的担保，并非双方真实意思表示，且欠款金额包含高利等为由，提起上诉。最高人民法院于 2015 年 10 月 8 日作出（2015）民一终字第 180 号民事判决：一、撤销新疆维吾尔自治区高级人民法院（2015）新民一初字第 2 号民事判决；二、驳回汤某、刘某龙、马某太、王某刚的诉讼请求。

法院生效裁判认为：本案争议的商品房买卖合同签订前，Y 公司与汤某等四人之间确实存在借款合同关系，且为履行借款合同，双方签订了相应的商品房预售合同，并办理了预购商品房预告登记。但双方争商品房买卖合同是在 Y 公司未偿还借款本息的情况下，经重新协商并对账，将借款合同关系转变为商品房买卖合同关系，将借款本息转为已付购房款，并对房屋交付、尾款支付、违约责任等权利义务作出了约定。民事法律关系的产生、变更、消灭，除基于法律特别规定，需要通过法律关系参与主体的意思表示一致形成。民事交易活动中，当事人意思表示发生变化并不鲜见，该意思表示的变化，除为法律特别规定所禁止外，均应予以准许。本案双方经协商一致终止借款合同关系，建立商品房买卖合同关系，并非为双方之间的借款合同履行提供担保，而是借款合同到期Y公司难以清偿债务时，通过将Y公司所有的商品房出售给汤某等四位债权人的方式，实现双方权利义务平衡的一种交易安排。该交易安排并未违反法律、行政法规的强制性规定，不属于《物权法》第一百八十六条规定禁止的情形，亦不适用《最高人民法院关于审理民间借贷案件适用法律若干问题的规定》第二十四条规定。尊重当事人嗣后形成的变更法律关系性质的一致意思表示，是贯彻合同自由原则的题中应有之意。Y公司所持本案商品房买卖合同无效的主张，不予采信。

但在确认商品房买卖合同合法有效的情况下，由于双方当事人均认可该合同项下已付购房款系由原借款本息转来，且Y公司提出该欠款数额包含高额利息。在当事人请求司法确认和保护购房者合同权利时，人民法院对基于借款合同的实际履行而形成的借款本金及利息数额应当予以审查，以避免当事人通过签订商品房买卖合同等方式，将违法高息合法化。经审查，双方之间借款利息的计算方法，已经超出法律规定的民间借贷利率保护上限。对双方当事人包含高额利息的欠款数额，依法不能予以确认。由于法律保护的借款利率明显低于当事人对账确认的借款利率，故应当认为汤某等四人作为购房人，尚未足额支付合同约定的购房款，Y公司未按照约定时间交付房屋，不应视为违约。汤某等四人以Y公司逾期交付房屋构成违约为事实依据，要求 Y 公司支付违约金及律师费，缺乏事实和法律依据。一审判决判令 Y 公司承担支付违约金及律师费的违约责任错误，二审法院对此予以纠正。

二、争议焦点分析

生效判决认为，本案争议焦点有二：其一为上述案例中的法律关系与流押的区分问题，其二为上述法律关系与《最高人民法院关于审理民间借贷案件适用法律若干问题的规定》第二十四条规定的以房屋买卖担保债权的区分问题。以下就第一个争议焦点进行分析。

原告借款方（房屋购买合同买方）汤某等人在诉讼中认为，根据双方合同约定，被告应于 2014 年 9 月 30 日向四人交付符合合同约定的房屋。但至起诉为止，被告拒不履行房屋交付义务，构成违约，原告有权要求被告承担违约责任。

被告贷款方（房屋购买合同卖方）Y 公司在诉讼中认为，原告与被告没有购买和出售房屋的意思表示，双方之间房屋买卖合同名为买卖实为借贷，该商品房买卖合同系为借贷合同的担保，该约定违反了《担保法》第四十条、《物权法》第一百八十六条的规定，应属无效。

法院经审理认为，本案双方经协商一致终止借款合同关系，建立商品房买卖合同关系，并非为双方之间的借款合同履行提供担保，而是借款合同到期 Y 公司难以清偿债务时，通过将 Y 公司所有的商品房出售给汤某等四位债权人的方式，实现双方权利义务平衡的一种交易安排。该交易安排并未违反法律、行政法规的强制性规定，不属于《物权法》第一百八十六条规定禁止的情形。

在上述案例中，原被告双方有三个法律关系，其一为借贷合同关系，其二为商品房预售合同关系，其三为正式的商品房买卖合同关系。预售合同与借款合同同时签订，其目的的确是担保借款合同履行，效力存在瑕疵。但双方签订的商品房买卖合同是在借款合同履行期限届满后签订的，双方也未在签订借款合同时将房屋抵押，所以商品房买卖合同应当视为双方的真实意思表示，相当于以物抵债合同，并未违反法律的强制性规定，为有效合同。

三、案例评析

实务中，类似上述“以房抵债”的案例，往往涉及流押、以物抵债等复杂的法律问题。《民法典》实施后，有流押条款、流质条款的担保合同，只是条款本身无效，并不影响整个担保合同的效力。最高人民法院 72 号指导案例，结合“以房抵债”事实情况及当事人的意思表示进行详尽分析，对“一刀切”地认定以房抵债就是流押思维具有订正作用，对在司法实践中如何区分流押、以物抵债等不同法律关系具有深刻的指导意义。

流押的构成要件有三：一是当事人之间存在担保合同关系，即债务人负有现实债务或未来债务，债务人或第三人为担保债务人履行债务而向债权人提供担保物；二是约定债务清偿不能时，担保物直接归属债权人所有；三是上述约定在债务履行期限届满前作出。流押之所以无效，是因为抵押物可能最开始并不是与所担保的债权相等值的，且在偿还借款的过程中，抵押物的价值也有可能发生变化，但是只要抵押人后期无法偿还借款，那么抵押物未经结算，也不考虑抵押物的价值，直接归抵押权人所有，违反公平原则。另一方面，在我国，担保物权人享有的是优先受偿的权利，而非所有权，流押突破了《民法典》对于担保物权的规定，也突破了物权法定原则，但是值得注意的是，违反物权法定原则并不必然使得合同无效，仅是该约定不发生物权效力。

四、法律纠纷风险防范启示

借贷双方约定代物清偿的，可以参照前述案例的做法，在债权到期后，与债务人终止原借款合同，对未偿还借款本息进行对账清算，转化为买卖合同对价款，重新签订买卖合同，按照买卖合同要求债务人履行交付合同标的物的义务。具体而言应当注意以下几点：

（一）应当于债权履行期间届满后再行签订房屋买卖合同。流押的重要认定条件之一为流押条款在债务履行期限届满前作出，如果在债务履行期限届满后签订买卖合同，可以视为双方达成的代物清偿协议，减小被认定为流押条款的风险。

（二）对原有的债权进行对账清算，签订条款完备的房屋买卖合同。建立独立的、合法的房屋买卖关系。

（三）用来抵充欠付借款的房屋价值应当与欠付债务金额相当。流押不被承认的原因之一是抵押物可能并不是与所担保的债权相等值的，由此显失公平。为避免被认定为显失公平的合同，双方当事人应当尽量保持抵充欠付借款的房屋价值与欠付债务等值。

第三编　相关法律法规索引

中华人民共和国民法典（节选—物权篇）

（2020 年 5 月 28 日第十三届全国人民代表大会第三次会议通过）

时效性：现行有效

发文机关：全国人民代表大会

文号：主席令第 45 号

发文日期：2020 年 05 月 28 日

施行日期：2021 年 01 月 01 日

第二编　物　权

第一分编　通　则

第一章　一般规定

第二百零五条　本编调整因物的归属和利用产生的民事关系。

第二百零六条　国家坚持和完善公有制为主体、多种所有制经济共同发展，按劳分配为主体、多种分配方式并存，社会主义市场经济体制等社会主义基本经济制度。

国家巩固和发展公有制经济，鼓励、支持和引导非公有制经济的发展。

国家实行社会主义市场经济，保障一切市场主体的平等法律地位和发展权利。

第二百零七条　国家、集体、私人的物权和其他权利人的物权受法律平等保护，任何组织或者个人不得侵犯。

第二百零八条　不动产物权的设立、变更、转让和消灭，应当依照法律规定登记。动产物权的设立和转让，应当依照法律规定交付。

第二章　物权的设立、变更、转让和消灭

第一节　不动产登记

第二百零九条　不动产物权的设立、变更、转让和消灭，经依法登记，发生效力；未经登记，不发生效力，但是法律另有规定的除外。

依法属于国家所有的自然资源，所有权可以不登记。

第二百一十条　不动产登记，由不动产所在地的登记机构办理。

国家对不动产实行统一登记制度。统一登记的范围、登记机构和登记办法，由法律、行政法规规定。

第二百一十一条　当事人申请登记，应当根据不同登记事项提供权属证明和不动产界址、面积等必要材料。

第二百一十二条　登记机构应当履行下列职责：

（一）查验申请人提供的权属证明和其他必要材料；

（二）就有关登记事项询问申请人；

（三）如实、及时登记有关事项；

（四）法律、行政法规规定的其他职责。

申请登记的不动产的有关情况需要进一步证明的，登记机构可以要求申请人补充材料，必要时可以实地查看。

第二百一十三条　登记机构不得有下列行为：

（一）要求对不动产进行评估；

（二）以年检等名义进行重复登记；

（三）超出登记职责范围的其他行为。

第二百一十四条　不动产物权的设立、变更、转让和消灭，依照

法律规定应当登记的，自记载于不动产登记簿时发生效力。

第二百一十五条　当事人之间订立有关设立、变更、转让和消灭不动产物权的合同，除法律另有规定或者当事人另有约定外，自合同成立时生效；未办理物权登记的，不影响合同效力。

第二百一十六条　不动产登记簿是物权归属和内容的根据。

不动产登记簿由登记机构管理。

第二百一十七条　不动产权属证书是权利人享有该不动产物权的证明。不动产权属证书记载的事项，应当与不动产登记簿一致；记载不一致的，除有证据证明不动产登记簿确有错误外，以不动产登记簿为准。

第二百一十八条　权利人、利害关系人可以申请查询、复制不动产登记资料，登记机构应当提供。

第二百一十九条　利害关系人不得公开、非法使用权利人的不动产登记资料。

第二百二十条　权利人、利害关系人认为不动产登记簿记载的事项错误的，可以申请更正登记。不动产登记簿记载的权利人书面同意更正或者有证据证明登记确有错误的，登记机构应当予以更正。

不动产登记簿记载的权利人不同意更正的，利害关系人可以申请异议登记。登记机构予以异议登记，申请人自异议登记之日起十五日内不提起诉讼的，异议登记失效。异议登记不当，造成权利人损害的，权利人可以向申请人请求损害赔偿。

第二百二十一条　当事人签订买卖房屋的协议或者签订其他不动产物权的协议，为保障将来实现物权，按照约定可以向登记机构申请预告登记。预告登记后，未经预告登记的权利人同意，处分该不动产的，不发生物权效力。

预告登记后，债权消灭或者自能够进行不动产登记之日起九十日内未申请登记的，预告登记失效。

第二百二十二条　当事人提供虚假材料申请登记，造成他人损害的，应当承担赔偿责任。

因登记错误，造成他人损害的，登记机构应当承担赔偿责任。登记机构赔偿后，可以向造成登记错误的人追偿。

第二百二十三条　不动产登记费按件收取，不得按照不动产的面积、体积或者价款的比例收取。

第二节　动产交付

第二百二十四条　动产物权的设立和转让，自交付时发生效力，但是法律另有规定的除外。

第二百二十五条　船舶、航空器和机动车等的物权的设立、变更、转让和消灭，未经登记，不得对抗善意第三人。

第二百二十六条　动产物权设立和转让前，权利人已经占有该动产的，物权自民事法律行为生效时发生效力。

第二百二十七条　动产物权设立和转让前，第三人占有该动产的，负有交付义务的人可以通过转让请求第三人返还原物的权利代替交付。

第二百二十八条　动产物权转让时，当事人又约定由出让人继续占有该动产的，物权自该约定生效时发生效力。

第三节　其他规定

第二百二十九条　因人民法院、仲裁机构的法律文书或者人民政府的征收决定等，导致物权设立、变更、转让或者消灭的，自法律文书或者征收决定等生效时发生效力。

第二百三十条　因继承取得物权的，自继承开始时发生效力。

第二百三十一条　因合法建造、拆除房屋等事实行为设立或者消灭物权的，自事实行为成就时发生效力。

第二百三十二条　处分依照本节规定享有的不动产物权，依照法律规定需要办理登记的，未经登记，不发生物权效力。

第三章　物权的保护

第二百三十三条　物权受到侵害的，权利人可以通过和解、调解、仲裁、诉讼等途径解决。

第二百三十四条　因物权的归属、内容发生争议的，利害关系人可以请求确认权利。

第二百三十五条　无权占有不动产或者动产的，权利人可以请求返还原物。

第二百三十六条　妨害物权或者可能妨害物权的，权利人可以请求排除妨害或者消除危险。

第二百三十七条　造成不动产或者动产毁损的，权利人可以依法请求修理、重作、更换或者恢复原状。

第二百三十八条　侵害物权，造成权利人损害的，权利人可以依法请求损害赔偿，也可以依法请求承担其他民事责任。

第二百三十九条　本章规定的物权保护方式，可以单独适用，也可以根据权利被侵害的情形合并适用。

第二分编　所有权

第四章　一般规定

第二百四十条　所有权人对自己的不动产或者动产，依法享有占有、使用、收益和处分的权利。

第二百四十一条　所有权人有权在自己的不动产或者动产上设立用益物权和担保物权。用益物权人、担保物权人行使权利，不得损害所有权人的权益。

第二百四十二条　法律规定专属于国家所有的不动产和动产，任何组织或者个人不能取得所有权。

第二百四十三条 为了公共利益的需要，依照法律规定的权限和程序可以征收集体所有的土地和组织、个人的房屋以及其他不动产。

征收集体所有的土地，应当依法及时足额支付土地补偿费、安置补助费以及农村村民住宅、其他地上附着物和青苗等的补偿费用，并安排被征地农民的社会保障费用，保障被征地农民的生活，维护被征地农民的合法权益。

征收组织、个人的房屋以及其他不动产，应当依法给予征收补偿，维护被征收人的合法权益；征收个人住宅的，还应当保障被征收人的居住条件。

任何组织或者个人不得贪污、挪用、私分、截留、拖欠征收补偿费等费用。

第二百四十四条 国家对耕地实行特殊保护，严格限制农用地转为建设用地，控制建设用地总量。不得违反法律规定的权限和程序征收集体所有的土地。

第二百四十五条 因抢险救灾、疫情防控等紧急需要，依照法律规定的权限和程序可以征用组织、个人的不动产或者动产。被征用的不动产或者动产使用后，应当返还被征用人。组织、个人的不动产或者动产被征用或者征用后毁损、灭失的，应当给予补偿。

第五章 国家所有权和集体所有权、私人所有权

第二百四十六条 法律规定属于国家所有的财产，属于国家所有即全民所有。

国有财产由国务院代表国家行使所有权。法律另有规定的，依照其规定。

第二百四十七条 矿藏、水流、海域属于国家所有。

第二百四十八条 无居民海岛属于国家所有，国务院代表国家行使无居民海岛所有权。

第二百四十九条　城市的土地，属于国家所有。法律规定属于国家所有的农村和城市郊区的土地，属于国家所有。

第二百五十条　森林、山岭、草原、荒地、滩涂等自然资源，属于国家所有，但是法律规定属于集体所有的除外。

第二百五十一条　法律规定属于国家所有的野生动植物资源，属于国家所有。

第二百五十二条　无线电频谱资源属于国家所有。

第二百五十三条　法律规定属于国家所有的文物，属于国家所有。

第二百五十四条　国防资产属于国家所有。

铁路、公路、电力设施、电信设施和油气管道等基础设施，依照法律规定为国家所有的，属于国家所有。

第二百五十五条　国家机关对其直接支配的不动产和动产，享有占有、使用以及依照法律和国务院的有关规定处分的权利。

第二百五十六条　国家举办的事业单位对其直接支配的不动产和动产，享有占有、使用以及依照法律和国务院的有关规定收益、处分的权利。

第二百五十七条　国家出资的企业，由国务院、地方人民政府依照法律、行政法规规定分别代表国家履行出资人职责，享有出资人权益。

第二百五十八条　国家所有的财产受法律保护，禁止任何组织或者个人侵占、哄抢、私分、截留、破坏。

第二百五十九条　履行国有财产管理、监督职责的机构及其工作人员，应当依法加强对国有财产的管理、监督，促进国有财产保值增值，防止国有财产损失；滥用职权，玩忽职守，造成国有财产损失的，应当依法承担法律责任。

违反国有财产管理规定，在企业改制、合并分立、关联交易等过程中，低价转让、合谋私分、擅自担保或者以其他方式造成国有财产损失的，应当依法承担法律责任。

第二百六十条　集体所有的不动产和动产包括：

（一）法律规定属于集体所有的土地和森林、山岭、草原、荒地、滩涂；

（二）集体所有的建筑物、生产设施、农田水利设施；

（三）集体所有的教育、科学、文化、卫生、体育等设施；

（四）集体所有的其他不动产和动产。

第二百六十一条　农民集体所有的不动产和动产，属于本集体成员集体所有。

下列事项应当依照法定程序经本集体成员决定：

（一）土地承包方案以及将土地发包给本集体以外的组织或者个人承包；

（二）个别土地承包经营权人之间承包地的调整；

（三）土地补偿费等费用的使用、分配办法；

（四）集体出资的企业的所有权变动等事项；

（五）法律规定的其他事项。

第二百六十二条　对于集体所有的土地和森林、山岭、草原、荒地、滩涂等，依照下列规定行使所有权：

（一）属于村农民集体所有的，由村集体经济组织或者村民委员会依法代表集体行使所有权；

（二）分别属于村内两个以上农民集体所有的，由村内各该集体经济组织或者村民小组依法代表集体行使所有权；

（三）属于乡镇农民集体所有的，由乡镇集体经济组织代表集体行使所有权。

第二百六十三条　城镇集体所有的不动产和动产，依照法律、行政法规的规定由本集体享有占有、使用、收益和处分的权利。

第二百六十四条　农村集体经济组织或者村民委员会、村民小组应当依照法律、行政法规以及章程、村规民约向本集体成员公布集体财产的状况。集体成员有权查阅、复制相关资料。

第二百六十五条　集体所有的财产受法律保护，禁止任何组织或者个人侵占、哄抢、私分、破坏。

农村集体经济组织、村民委员会或者其负责人作出的决定侵害集体成员合法权益的，受侵害的集体成员可以请求人民法院予以撤销。

第二百六十六条　私人对其合法的收入、房屋、生活用品、生产工具、原材料等不动产和动产享有所有权。

第二百六十七条　私人的合法财产受法律保护，禁止任何组织或者个人侵占、哄抢、破坏。

第二百六十八条　国家、集体和私人依法可以出资设立有限责任公司、股份有限公司或者其他企业。国家、集体和私人所有的不动产或者动产投到企业的，由出资人按照约定或者出资比例享有资产收益、重大决策以及选择经营管理者等权利并履行义务。

第二百六十九条　营利法人对其不动产和动产依照法律、行政法规以及章程享有占有、使用、收益和处分的权利。

营利法人以外的法人，对其不动产和动产的权利，适用有关法律、行政法规以及章程的规定。

第二百七十条　社会团体法人、捐助法人依法所有的不动产和动产，受法律保护。

第六章　业主的建筑物区分所有权

第二百七十一条　业主对建筑物内的住宅、经营性用房等专有部分享有所有权，对专有部分以外的共有部分享有共有和共同管理的权利。

第二百七十二条　业主对其建筑物专有部分享有占有、使用、收益和处分的权利。业主行使权利不得危及建筑物的安全，不得损害其他业主的合法权益。

第二百七十三条　业主对建筑物专有部分以外的共有部分，享有权利，承担义务；不得以放弃权利为由不履行义务。

业主转让建筑物内的住宅、经营性用房，其对共有部分享有的共有和共同管理的权利一并转让。

第二百七十四条　建筑区划内的道路，属于业主共有，但是属于城镇公共道路的除外。建筑区划内的绿地，属于业主共有，但是属于城镇公共绿地或者明示属于个人的除外。建筑区划内的其他公共场所、公用设施和物业服务用房，属于业主共有。

第二百七十五条　建筑区划内，规划用于停放汽车的车位、车库的归属，由当事人通过出售、附赠或者出租等方式约定。

占用业主共有的道路或者其他场地用于停放汽车的车位，属于业主共有。

第二百七十六条　建筑区划内，规划用于停放汽车的车位、车库应当首先满足业主的需要。

第二百七十七条　业主可以设立业主大会，选举业主委员会。业主大会、业主委员会成立的具体条件和程序，依照法律、法规的规定。

地方人民政府有关部门、居民委员会应当对设立业主大会和选举业主委员会给予指导和协助。

第二百七十八条　下列事项由业主共同决定：

（一）制定和修改业主大会议事规则；

（二）制定和修改管理规约；

（三）选举业主委员会或者更换业主委员会成员；

（四）选聘和解聘物业服务企业或者其他管理人；

（五）使用建筑物及其附属设施的维修资金；

（六）筹集建筑物及其附属设施的维修资金；

（七）改建、重建建筑物及其附属设施；

（八）改变共有部分的用途或者利用共有部分从事经营活动；

（九）有关共有和共同管理权利的其他重大事项。

业主共同决定事项，应当由专有部分面积占比三分之二以上的业主且人数占比三分之二以上的业主参与表决。决定前款第六项至第八项规定的事项，应当经参与表决专有部分面积四分之三以上的业主且参与表决人数四分之三以上的业主同意。决定前款其他事项，应当经参与表决专有部分面积过半数的业主且参与表决人数过半数的业主同意。

第二百七十九条　业主不得违反法律、法规以及管理规约，将住宅改变为经营性用房。业主将住宅改变为经营性用房的，除遵守法律、法规以及管理规约外，应当经有利害关系的业主一致同意。

第二百八十条　业主大会或者业主委员会的决定，对业主具有法律约束力。

业主大会或者业主委员会作出的决定侵害业主合法权益的，受侵害的业主可以请求人民法院予以撤销。

第二百八十一条　建筑物及其附属设施的维修资金，属于业主共有。经业主共同决定，可以用于电梯、屋顶、外墙、无障碍设施等共有部分的维修、更新和改造。建筑物及其附属设施的维修资金的筹集、使用情况应当定期公布。

紧急情况下需要维修建筑物及其附属设施的，业主大会或者业主委员会可以依法申请使用建筑物及其附属设施的维修资金。

第二百八十二条　建设单位、物业服务企业或者其他管理人等利用业主的共有部分产生的收入，在扣除合理成本之后，属于业主共有。

第二百八十三条　建筑物及其附属设施的费用分摊、收益分配等事项，有约定的，按照约定；没有约定或者约定不明确的，按照业主专有部分面积所占比例确定。

第二百八十四条　业主可以自行管理建筑物及其附属设施，也可以委托物业服务企业或者其他管理人管理。

对建设单位聘请的物业服务企业或者其他管理人，业主有权依法更换。

第二百八十五条　物业服务企业或者其他管理人根据业主的委托，依照本法第三编有关物业服务合同的规定管理建筑区划内的建筑物及其附属设施，接受业主的监督，并及时答复业主对物业服务情况提出的询问。

物业服务企业或者其他管理人应当执行政府依法实施的应急处置措施和其他管理措施，积极配合开展相关工作。

第二百八十六条　业主应当遵守法律、法规以及管理规约，相关行为应当符合节约资源、保护生态环境的要求。对于物业服务企业或者其他管理人执行政府依法实施的应急处置措施和其他管理措施，业主应当依法予以配合。

业主大会或者业主委员会，对任意弃置垃圾、排放污染物或者噪声、违反规定饲养动物、违章搭建、侵占通道、拒付物业费等损害他人合法权益的行为，有权依照法律、法规以及管理规约，请求行为人停止侵害、排除妨碍、消除危险、恢复原状、赔偿损失。

业主或者其他行为人拒不履行相关义务的，有关当事人可以向有关行政主管部门报告或者投诉，有关行政主管部门应当依法处理。

第二百八十七条　业主对建设单位、物业服务企业或者其他管理人以及其他业主侵害自己合法权益的行为，有权请求其承担民事责任。

第七章 相邻关系

第二百八十八条 不动产的相邻权利人应当按照有利生产、方便生活、团结互助、公平合理的原则，正确处理相邻关系。

第二百八十九条 法律、法规对处理相邻关系有规定的，依照其规定；法律、法规没有规定的，可以按照当地习惯。

第二百九十条 不动产权利人应当为相邻权利人用水、排水提供必要的便利。

对自然流水的利用，应当在不动产的相邻权利人之间合理分配。对自然流水的排放，应当尊重自然流向。

第二百九十一条 不动产权利人对相邻权利人因通行等必须利用其土地的，应当提供必要的便利。

第二百九十二条 不动产权利人因建造、修缮建筑物以及铺设电线、电缆、水管、暖气和燃气管线等必须利用相邻土地、建筑物的，该土地、建筑物的权利人应当提供必要的便利。

第二百九十三条 建造建筑物，不得违反国家有关工程建设标准，不得妨碍相邻建筑物的通风、采光和日照。

第二百九十四条 不动产权利人不得违反国家规定弃置固体废物，排放大气污染物、水污染物、土壤污染物、噪声、光辐射、电磁辐射等有害物质。

第二百九十五条 不动产权利人挖掘土地、建造建筑物、铺设管线以及安装设备等，不得危及相邻不动产的安全。

第二百九十六条 不动产权利人因用水、排水、通行、铺设管线等利用相邻不动产的，应当尽量避免对相邻的不动产权利人造成损害。

第八章 共有

第二百九十七条 不动产或者动产可以由两个以上组织、个人共有。共有包括按份共有和共同共有。

第二百九十八条　按份共有人对共有的不动产或者动产按照其份额享有所有权。

第二百九十九条　共同共有人对共有的不动产或者动产共同享有所有权。

第三百条　共有人按照约定管理共有的不动产或者动产；没有约定或者约定不明确的，各共有人都有管理的权利和义务。

第三百零一条　处分共有的不动产或者动产以及对共有的不动产或者动产作重大修缮、变更性质或者用途的，应当经占份额三分之二以上的按份共有人或者全体共同共有人同意，但是共有人之间另有约定的除外。

第三百零二条　共有人对共有物的管理费用以及其他负担，有约定的，按照其约定；没有约定或者约定不明确的，按份共有人按照其份额负担，共同共有人共同负担。

第三百零三条　共有人约定不得分割共有的不动产或者动产，以维持共有关系的，应当按照约定，但是共有人有重大理由需要分割的，可以请求分割；没有约定或者约定不明确的，按份共有人可以随时请求分割，共同共有人在共有的基础丧失或者有重大理由需要分割时可以请求分割。因分割造成其他共有人损害的，应当给予赔偿。

第三百零四条　共有人可以协商确定分割方式。达不成协议，共有的不动产或者动产可以分割且不会因分割减损价值的，应当对实物予以分割；难以分割或者因分割会减损价值的，应当对折价或者拍卖、变卖取得的价款予以分割。

共有人分割所得的不动产或者动产有瑕疵的，其他共有人应当分担损失。

第三百零五条　按份共有人可以转让其享有的共有的不动产或者动产份额。其他共有人在同等条件下享有优先购买的权利。

第三百零六条　按份共有人转让其享有的共有的不动产或者动产份额的，应当将转让条件及时通知其他共有人。其他共有人应当在合理期限内行使优先购买权。

两个以上其他共有人主张行使优先购买权的，协商确定各自的购买比例；协商不成的，按照转让时各自的共有份额比例行使优先购买权。

第三百零七条　因共有的不动产或者动产产生的债权债务，在对外关系上，共有人享有连带债权、承担连带债务，但是法律另有规定或者第三人知道共有人不具有连带债权债务关系的除外；在共有人内部关系上，除共有人另有约定外，按份共有人按照份额享有债权、承担债务，共同共有人共同享有债权、承担债务。偿还债务超过自己应当承担份额的按份共有人，有权向其他共有人追偿。

第三百零八条　共有人对共有的不动产或者动产没有约定为按份共有或者共同共有，或者约定不明确的，除共有人具有家庭关系等外，视为按份共有。

第三百零九条　按份共有人对共有的不动产或者动产享有的份额，没有约定或者约定不明确的，按照出资额确定；不能确定出资额的，视为等额享有。

第三百一十条　两个以上组织、个人共同享有用益物权、担保物权的，参照适用本章的有关规定。

第九章　所有权取得的特别规定

第三百一十一条　无处分权人将不动产或者动产转让给受让人的，所有权人有权追回；除法律另有规定外，符合下列情形的，受让人取得该不动产或者动产的所有权：

（一）受让人受让该不动产或者动产时是善意；

（二）以合理的价格转让；

（三）转让的不动产或者动产依照法律规定应当登记的已经登记，不需要登记的已经交付给受让人。

受让人依据前款规定取得不动产或者动产的所有权的，原所有权人有权向无处分权人请求损害赔偿。

当事人善意取得其他物权的，参照适用前两款规定。

第三百一十二条　所有权人或者其他权利人有权追回遗失物。该遗失物通过转让被他人占有的，权利人有权向无处分权人请求损害赔偿，或者自知道或者应当知道受让人之日起二年内向受让人请求返还原物；但是，受让人通过拍卖或者向具有经营资格的经营者购得该遗失物的，权利人请求返还原物时应当支付受让人所付的费用。权利人向受让人支付所付费用后，有权向无处分权人追偿。

第三百一十三条　善意受让人取得动产后，该动产上的原有权利消灭。但是，善意受让人在受让时知道或者应当知道该权利的除外。

第三百一十四条　拾得遗失物，应当返还权利人。拾得人应当及时通知权利人领取，或者送交公安等有关部门。

第三百一十五条　有关部门收到遗失物，知道权利人的，应当及时通知其领取；不知道的，应当及时发布招领公告。

第三百一十六条　拾得人在遗失物送交有关部门前，有关部门在遗失物被领取前，应当妥善保管遗失物。因故意或者重大过失致使遗失物毁损、灭失的，应当承担民事责任。

第三百一十七条　权利人领取遗失物时，应当向拾得人或者有关部门支付保管遗失物等支出的必要费用。

权利人悬赏寻找遗失物的，领取遗失物时应当按照承诺履行义务。

拾得人侵占遗失物的，无权请求保管遗失物等支出的费用，也无权请求权利人按照承诺履行义务。

第三百一十八条　遗失物自发布招领公告之日起一年内无人认领

的，归国家所有。

第三百一十九条　拾得漂流物、发现埋藏物或者隐藏物的，参照适用拾得遗失物的有关规定。法律另有规定的，依照其规定。

第三百二十条　主物转让的，从物随主物转让，但是当事人另有约定的除外。

第三百二十一条　天然孳息，由所有权人取得；既有所有权人又有用益物权人的，由用益物权人取得。当事人另有约定的，按照其约定。

法定孳息，当事人有约定的，按照约定取得；没有约定或者约定不明确的，按照交易习惯取得。

第三百二十二条　因加工、附合、混合而产生的物的归属，有约定的，按照约定；没有约定或者约定不明确的，依照法律规定；法律没有规定的，按照充分发挥物的效用以及保护无过错当事人的原则确定。因一方当事人的过错或者确定物的归属造成另一方当事人损害的，应当给予赔偿或者补偿。

第三分编　用益物权

第十章　一般规定

第三百二十三条　用益物权人对他人所有的不动产或者动产，依法享有占有、使用和收益的权利。

第三百二十四条　国家所有或者国家所有由集体使用以及法律规定属于集体所有的自然资源，组织、个人依法可以占有、使用和收益。

第三百二十五条　国家实行自然资源有偿使用制度，但是法律另有规定的除外。

第三百二十六条　用益物权人行使权利，应当遵守法律有关保护和合理开发利用资源、保护生态环境的规定。所有权人不得干涉用益物权人行使权利。

第三百二十七条　因不动产或者动产被征收、征用致使用益物权消灭或者影响用益物权行使的，用益物权人有权依据本法第二百四十三条、第二百四十五条的规定获得相应补偿。

第三百二十八条　依法取得的海域使用权受法律保护。

第三百二十九条　依法取得的探矿权、采矿权、取水权和使用水域、滩涂从事养殖、捕捞的权利受法律保护。

第十一章　土地承包经营权

第三百三十条　农村集体经济组织实行家庭承包经营为基础、统分结合的双层经营体制。

农民集体所有和国家所有由农民集体使用的耕地、林地、草地以及其他用于农业的土地，依法实行土地承包经营制度。

第三百三十一条　土地承包经营权人依法对其承包经营的耕地、林地、草地等享有占有、使用和收益的权利，有权从事种植业、林业、畜牧业等农业生产。

第三百三十二条　耕地的承包期为三十年。草地的承包期为三十年至五十年。林地的承包期为三十年至七十年。

前款规定的承包期限届满，由土地承包经营权人依照农村土地承包的法律规定继续承包。

第三百三十三条　土地承包经营权自土地承包经营权合同生效时设立。

登记机构应当向土地承包经营权人发放土地承包经营权证、林权证等证书，并登记造册，确认土地承包经营权。

第三百三十四条　土地承包经营权人依照法律规定，有权将土地承包经营权互换、转让。未经依法批准，不得将承包地用于非农建设。

第三百三十五条　土地承包经营权互换、转让的，当事人可以向登记机构申请登记；未经登记，不得对抗善意第三人。

第三百三十六条　承包期内发包人不得调整承包地。

因自然灾害严重毁损承包地等特殊情形，需要适当调整承包的耕地和草地的，应当依照农村土地承包的法律规定办理。

第三百三十七条　承包期内发包人不得收回承包地。法律另有规定的，依照其规定。

第三百三十八条　承包地被征收的，土地承包经营权人有权依据本法第二百四十三条的规定获得相应补偿。

第三百三十九条　土地承包经营权人可以自主决定依法采取出租、入股或者其他方式向他人流转土地经营权。

第三百四十条　土地经营权人有权在合同约定的期限内占有农村土地，自主开展农业生产经营并取得收益。

第三百四十一条　流转期限为五年以上的土地经营权，自流转合同生效时设立。当事人可以向登记机构申请土地经营权登记；未经登记，不得对抗善意第三人。

第三百四十二条　通过招标、拍卖、公开协商等方式承包农村土地，经依法登记取得权属证书的，可以依法采取出租、入股、抵押或者其他方式流转土地经营权。

第三百四十三条　国家所有的农用地实行承包经营的，参照适用本编的有关规定。

第十二章　建设用地使用权

第三百四十四条　建设用地使用权人依法对国家所有的土地享有占有、使用和收益的权利，有权利用该土地建造建筑物、构筑物及其附属设施。

第三百四十五条　建设用地使用权可以在土地的地表、地上或者地下分别设立。

第三百四十六条　设立建设用地使用权，应当符合节约资源、保护生态环境的要求，遵守法律、行政法规关于土地用途的规定，不得损害已经设立的用益物权。

第三百四十七条　设立建设用地使用权，可以采取出让或者划拨等方式。

工业、商业、旅游、娱乐和商品住宅等经营性用地以及同一土地有两个以上意向用地者的，应当采取招标、拍卖等公开竞价的方式出让。

严格限制以划拨方式设立建设用地使用权。

第三百四十八条　通过招标、拍卖、协议等出让方式设立建设用地使用权的，当事人应当采用书面形式订立建设用地使用权出让合同。

建设用地使用权出让合同一般包括下列条款：

（一）当事人的名称和住所；

（二）土地界址、面积等；

（三）建筑物、构筑物及其附属设施占用的空间；

（四）土地用途、规划条件；

（五）建设用地使用权期限；

（六）出让金等费用及其支付方式；

（七）解决争议的方法。

第三百四十九条　设立建设用地使用权的，应当向登记机构申请建设用地使用权登记。建设用地使用权自登记时设立。登记机构应当向建设用地使用权人发放权属证书。

第三百五十条　建设用地使用权人应当合理利用土地，不得改变土地用途；需要改变土地用途的，应当依法经有关行政主管部门批准。

第三百五十一条　建设用地使用权人应当依照法律规定以及合同约定支付出让金等费用。

第三百五十二条　建设用地使用权人建造的建筑物、构筑物及其附属设施的所有权属于建设用地使用权人，但是有相反证据证明的除外。

第三百五十三条　建设用地使用权人有权将建设用地使用权转让、互换、出资、赠与或者抵押，但是法律另有规定的除外。

第三百五十四条　建设用地使用权转让、互换、出资、赠与或者抵押的，当事人应当采用书面形式订立相应的合同。使用期限由当事人约定，但是不得超过建设用地使用权的剩余期限。

第三百五十五条　建设用地使用权转让、互换、出资或者赠与的，应当向登记机构申请变更登记。

第三百五十六条　建设用地使用权转让、互换、出资或者赠与的，附着于该土地上的建筑物、构筑物及其附属设施一并处分。

第三百五十七条　建筑物、构筑物及其附属设施转让、互换、出资或者赠与的，该建筑物、构筑物及其附属设施占用范围内的建设用地使用权一并处分。

第三百五十八条　建设用地使用权期限届满前，因公共利益需要提前收回该土地的，应当依据本法第二百四十三条的规定对该土地上的房屋以及其他不动产给予补偿，并退还相应的出让金。

第三百五十九条　住宅建设用地使用权期限届满的，自动续期。续期费用的缴纳或者减免，依照法律、行政法规的规定办理。

非住宅建设用地使用权期限届满后的续期，依照法律规定办理。该土地上的房屋以及其他不动产的归属，有约定的，按照约定；没有约定或者约定不明确的，依照法律、行政法规的规定办理。

第三百六十条　建设用地使用权消灭的，出让人应当及时办理注销登记。登记机构应当收回权属证书。

第三百六十一条　集体所有的土地作为建设用地的，应当依照土地管理的法律规定办理。

第十三章　宅基地使用权

第三百六十二条　宅基地使用权人依法对集体所有的土地享有占有和使用的权利，有权依法利用该土地建造住宅及其附属设施。

第三百六十三条　宅基地使用权的取得、行使和转让，适用土地管理的法律和国家有关规定。

第三百六十四条　宅基地因自然灾害等原因灭失的，宅基地使用权消灭。对失去宅基地的村民，应当依法重新分配宅基地。

第三百六十五条　已经登记的宅基地使用权转让或者消灭的，应当及时办理变更登记或者注销登记。

第十四章　居住权

第三百六十六条　居住权人有权按照合同约定，对他人的住宅享有占有、使用的用益物权，以满足生活居住的需要。

第三百六十七条　设立居住权，当事人应当采用书面形式订立居住权合同。

居住权合同一般包括下列条款：

（一）当事人的姓名或者名称和住所；

（二）住宅的位置；

（三）居住的条件和要求；

（四）居住权期限；

（五）解决争议的方法。

第三百六十八条　居住权无偿设立，但是当事人另有约定的除外。设立居住权的，应当向登记机构申请居住权登记。居住权自登记时设立。

第三百六十九条　居住权不得转让、继承。设立居住权的住宅不得出租，但是当事人另有约定的除外。

第三百七十条　居住权期限届满或者居住权人死亡的，居住权消灭。居住权消灭的，应当及时办理注销登记。

第三百七十一条　以遗嘱方式设立居住权的，参照适用本章的有关规定。

第十五章　地役权

第三百七十二条　地役权人有权按照合同约定，利用他人的不动产，以提高自己的不动产的效益。

前款所称他人的不动产为供役地，自己的不动产为需役地。

第三百七十三条　设立地役权，当事人应当采用书面形式订立地役权合同。

地役权合同一般包括下列条款：

（一）当事人的姓名或者名称和住所；

（二）供役地和需役地的位置；

（三）利用目的和方法；

（四）地役权期限；

（五）费用及其支付方式；

（六）解决争议的方法。

第三百七十四条　地役权自地役权合同生效时设立。当事人要求登记的，可以向登记机构申请地役权登记；未经登记，不得对抗善意第三人。

第三百七十五条　供役地权利人应当按照合同约定，允许地役权人利用其不动产，不得妨害地役权人行使权利。

第三百七十六条　地役权人应当按照合同约定的利用目的和方法利用供役地，尽量减少对供役地权利人物权的限制。

第三百七十七条　地役权期限由当事人约定；但是，不得超过土地承包经营权、建设用地使用权等用益物权的剩余期限。

第三百七十八条　土地所有权人享有地役权或者负担地役权的，

设立土地承包经营权、宅基地使用权等用益物权时，该用益物权人继续享有或者负担已经设立的地役权。

第三百七十九条　土地上已经设立土地承包经营权、建设用地使用权、宅基地使用权等用益物权的，未经用益物权人同意，土地所有权人不得设立地役权。

第三百八十条　地役权不得单独转让。土地承包经营权、建设用地使用权等转让的，地役权一并转让，但是合同另有约定的除外。

第三百八十一条　地役权不得单独抵押。土地经营权、建设用地使用权等抵押的，在实现抵押权时，地役权一并转让。

第三百八十二条　需役地以及需役地上的土地承包经营权、建设用地使用权等部分转让时，转让部分涉及地役权的，受让人同时享有地役权。

第三百八十三条　供役地以及供役地上的土地承包经营权、建设用地使用权等部分转让时，转让部分涉及地役权的，地役权对受让人具有法律约束力。

第三百八十四条　地役权人有下列情形之一的，供役地权利人有权解除地役权合同，地役权消灭：

（一）违反法律规定或者合同约定，滥用地役权；

（二）有偿利用供役地，约定的付款期限届满后在合理期限内经两次催告未支付费用。

第三百八十五条　已经登记的地役权变更、转让或者消灭的，应当及时办理变更登记或者注销登记。

第四分编　担保物权

第十六章　一般规定

第三百八十六条　担保物权人在债务人不履行到期债务或者发生

当事人约定的实现担保物权的情形，依法享有就担保财产优先受偿的权利，但是法律另有规定的除外。

第三百八十七条　债权人在借贷、买卖等民事活动中，为保障实现其债权，需要担保的，可以依照本法和其他法律的规定设立担保物权。

第三人为债务人向债权人提供担保的，可以要求债务人提供反担保。反担保适用本法和其他法律的规定。

第三百八十八条　设立担保物权，应当依照本法和其他法律的规定订立担保合同。担保合同包括抵押合同、质押合同和其他具有担保功能的合同。担保合同是主债权债务合同的从合同。主债权债务合同无效的，担保合同无效，但是法律另有规定的除外。

担保合同被确认无效后，债务人、担保人、债权人有过错的，应当根据其过错各自承担相应的民事责任。

第三百八十九条　担保物权的担保范围包括主债权及其利息、违约金、损害赔偿金、保管担保财产和实现担保物权的费用。当事人另有约定的，按照其约定。

第三百九十条　担保期间，担保财产毁损、灭失或者被征收等，担保物权人可以就获得的保险金、赔偿金或者补偿金等优先受偿。被担保债权的履行期限未届满的，也可以提存该保险金、赔偿金或者补偿金等。

第三百九十一条　第三人提供担保，未经其书面同意，债权人允许债务人转移全部或者部分债务的，担保人不再承担相应的担保责任。

第三百九十二条　被担保的债权既有物的担保又有人的担保的，债务人不履行到期债务或者发生当事人约定的实现担保物权的情形，债权人应当按照约定实现债权；没有约定或者约定不明确，债务人自己提供物的担保的，债权人应当先就该物的担保实现债权；第三人提供物的担保的，债权人可以就物的担保实现债权，也可以请求保证人承担保证责任。提供担保的第三人承担担保责任后，有权向债务人追偿。

第三百九十三条　有下列情形之一的，担保物权消灭：

（一）主债权消灭；

（二）担保物权实现；

（三）债权人放弃担保物权；

（四）法律规定担保物权消灭的其他情形。

第十七章　抵押权

第一节　一般抵押权

第三百九十四条　为担保债务的履行，债务人或者第三人不转移财产的占有，将该财产抵押给债权人的，债务人不履行到期债务或者发生当事人约定的实现抵押权的情形，债权人有权就该财产优先受偿。

前款规定的债务人或者第三人为抵押人，债权人为抵押权人，提供担保的财产为抵押财产。

第三百九十五条　债务人或者第三人有权处分的下列财产可以抵押：

（一）建筑物和其他土地附着物；

（二）建设用地使用权；

（三）海域使用权；

（四）生产设备、原材料、半成品、产品；

（五）正在建造的建筑物、船舶、航空器；

（六）交通运输工具；

（七）法律、行政法规未禁止抵押的其他财产。

抵押人可以将前款所列财产一并抵押。

第三百九十六条　企业、个体工商户、农业生产经营者可以将现有的以及将有的生产设备、原材料、半成品、产品抵押，债务人不履行到期债务或者发生当事人约定的实现抵押权的情形，债权人有权就抵押财产确定时的动产优先受偿。

第三百九十七条　以建筑物抵押的，该建筑物占用范围内的建设用地使用权一并抵押。以建设用地使用权抵押的，该土地上的建筑物一并抵押。

抵押人未依据前款规定一并抵押的，未抵押的财产视为一并抵押。

第三百九十八条　乡镇、村企业的建设用地使用权不得单独抵押。以乡镇、村企业的厂房等建筑物抵押的，其占用范围内的建设用地使用权一并抵押。

第三百九十九条　下列财产不得抵押：

（一）土地所有权；

（二）宅基地、自留地、自留山等集体所有土地的使用权，但是法律规定可以抵押的除外；

（三）学校、幼儿园、医疗机构等为公益目的成立的非营利法人的教育设施、医疗卫生设施和其他公益设施；

（四）所有权、使用权不明或者有争议的财产；

（五）依法被查封、扣押、监管的财产；

（六）法律、行政法规规定不得抵押的其他财产。

第四百条　设立抵押权，当事人应当采用书面形式订立抵押合同。

抵押合同一般包括下列条款：

（一）被担保债权的种类和数额；

（二）债务人履行债务的期限；

（三）抵押财产的名称、数量等情况；

（四）担保的范围。

第四百零一条　抵押权人在债务履行期限届满前，与抵押人约定债务人不履行到期债务时抵押财产归债权人所有的，只能依法就抵押财产优先受偿。

第四百零二条　以本法第三百九十五条第一款第一项至第三项规定的财产或者第五项规定的正在建造的建筑物抵押的，应当办理抵押登记。抵押权自登记时设立。

第四百零三条　以动产抵押的，抵押权自抵押合同生效时设立；未经登记，不得对抗善意第三人。

第四百零四条　以动产抵押的，不得对抗正常经营活动中已经支付合理价款并取得抵押财产的买受人。

第四百零五条　抵押权设立前，抵押财产已经出租并转移占有的，原租赁关系不受该抵押权的影响。

第四百零六条　抵押期间，抵押人可以转让抵押财产。当事人另有约定的，按照其约定。抵押财产转让的，抵押权不受影响。

抵押人转让抵押财产的，应当及时通知抵押权人。抵押权人能够证明抵押财产转让可能损害抵押权的，可以请求抵押人将转让所得的价款向抵押权人提前清偿债务或者提存。转让的价款超过债权数额的部分归抵押人所有，不足部分由债务人清偿。

第四百零七条　抵押权不得与债权分离而单独转让或者作为其他债权的担保。债权转让的，担保该债权的抵押权一并转让，但是法律另有规定或者当事人另有约定的除外。

第四百零八条　抵押人的行为足以使抵押财产价值减少的，抵押权人有权请求抵押人停止其行为；抵押财产价值减少的，抵押权人有权请求恢复抵押财产的价值，或者提供与减少的价值相应的担保。抵押人不恢复抵押财产的价值，也不提供担保的，抵押权人有权请求债务人提前清偿债务。

第四百零九条　抵押权人可以放弃抵押权或者抵押权的顺位。抵押权人与抵押人可以协议变更抵押权顺位以及被担保的债权数额等内容。但是，抵押权的变更未经其他抵押权人书面同意的，不得对其他抵押权人产生不利影响。

债务人以自己的财产设定抵押，抵押权人放弃该抵押权、抵押权顺位或者变更抵押权的，其他担保人在抵押权人丧失优先受偿权益的范围内免除担保责任，但是其他担保人承诺仍然提供担保的除外。

第四百一十条　债务人不履行到期债务或者发生当事人约定的实现抵押权的情形，抵押权人可以与抵押人协议以抵押财产折价或者以拍卖、变卖该抵押财产所得的价款优先受偿。协议损害其他债权人利益的，其他债权人可以请求人民法院撤销该协议。

抵押权人与抵押人未就抵押权实现方式达成协议的，抵押权人可以请求人民法院拍卖、变卖抵押财产。

抵押财产折价或者变卖的，应当参照市场价格。

第四百一十一条　依据本法第三百九十六条规定设定抵押的，抵押财产自下列情形之一发生时确定：

（一）债务履行期限届满，债权未实现；

（二）抵押人被宣告破产或者解散；

（三）当事人约定的实现抵押权的情形；

（四）严重影响债权实现的其他情形。

第四百一十二条　债务人不履行到期债务或者发生当事人约定的实现抵押权的情形，致使抵押财产被人民法院依法扣押的，自扣押之日起，抵押权人有权收取该抵押财产的天然孳息或者法定孳息，但是抵押权人未通知应当清偿法定孳息义务人的除外。

前款规定的孳息应当先充抵收取孳息的费用。

第四百一十三条　抵押财产折价或者拍卖、变卖后，其价款超过债权数额的部分归抵押人所有，不足部分由债务人清偿。

第四百一十四条 同一财产向两个以上债权人抵押的，拍卖、变卖抵押财产所得的价款依照下列规定清偿：

（一）抵押权已经登记的，按照登记的时间先后确定清偿顺序；

（二）抵押权已经登记的先于未登记的受偿；

（三）抵押权未登记的，按照债权比例清偿。

其他可以登记的担保物权，清偿顺序参照适用前款规定。

第四百一十五条 同一财产既设立抵押权又设立质权的，拍卖、变卖该财产所得的价款按照登记、交付的时间先后确定清偿顺序。

第四百一十六条 动产抵押担保的主债权是抵押物的价款，标的物交付后十日内办理抵押登记的，该抵押权人优先于抵押物买受人的其他担保物权人受偿，但是留置权人除外。

第四百一十七条 建设用地使用权抵押后，该土地上新增的建筑物不属于抵押财产。该建设用地使用权实现抵押权时，应当将该土地上新增的建筑物与建设用地使用权一并处分。但是，新增建筑物所得的价款，抵押权人无权优先受偿。

第四百一十八条 以集体所有土地的使用权依法抵押的，实现抵押权后，未经法定程序，不得改变土地所有权的性质和土地用途。

第四百一十九条 抵押权人应当在主债权诉讼时效期间行使抵押权；未行使的，人民法院不予保护。

第二节 最高额抵押权

第四百二十条 为担保债务的履行，债务人或者第三人对一定期间内将要连续发生的债权提供担保财产的，债务人不履行到期债务或者发生当事人约定的实现抵押权的情形，抵押权人有权在最高债权额限度内就该担保财产优先受偿。

最高额抵押权设立前已经存在的债权，经当事人同意，可以转入最高额抵押担保的债权范围。

第四百二十一条　最高额抵押担保的债权确定前，部分债权转让的，最高额抵押权不得转让，但是当事人另有约定的除外。

第四百二十二条　最高额抵押担保的债权确定前，抵押权人与抵押人可以通过协议变更债权确定的期间、债权范围以及最高债权额。但是，变更的内容不得对其他抵押权人产生不利影响。

第四百二十三条　有下列情形之一的，抵押权人的债权确定：

（一）约定的债权确定期间届满；

（二）没有约定债权确定期间或者约定不明确，抵押权人或者抵押人自最高额抵押权设立之日起满二年后请求确定债权；

（三）新的债权不可能发生；

（四）抵押权人知道或者应当知道抵押财产被查封、扣押；

（五）债务人、抵押人被宣告破产或者解散；

（六）法律规定债权确定的其他情形。

第四百二十四条　最高额抵押权除适用本节规定外，适用本章第一节的有关规定。

第十八章　质权

第一节　动产质权

第四百二十五条　为担保债务的履行，债务人或者第三人将其动产出质给债权人占有的，债务人不履行到期债务或者发生当事人约定的实现质权的情形，债权人有权就该动产优先受偿。

前款规定的债务人或者第三人为出质人，债权人为质权人，交付的动产为质押财产。

第四百二十六条　法律、行政法规禁止转让的动产不得出质。

第四百二十七条　设立质权，当事人应当采用书面形式订立质押合同。

质押合同一般包括下列条款：

（一）被担保债权的种类和数额；

（二）债务人履行债务的期限；

（三）质押财产的名称、数量等情况；

（四）担保的范围；

（五）质押财产交付的时间、方式。

第四百二十八条　质权人在债务履行期限届满前，与出质人约定债务人不履行到期债务时质押财产归债权人所有的，只能依法就质押财产优先受偿。

第四百二十九条　质权自出质人交付质押财产时设立。

第四百三十条　质权人有权收取质押财产的孳息，但是合同另有约定的除外。

前款规定的孳息应当先充抵收取孳息的费用。

第四百三十一条　质权人在质权存续期间，未经出质人同意，擅自使用、处分质押财产，造成出质人损害的，应当承担赔偿责任。

第四百三十二条　质权人负有妥善保管质押财产的义务；因保管不善致使质押财产毁损、灭失的，应当承担赔偿责任。

质权人的行为可能使质押财产毁损、灭失的，出质人可以请求质权人将质押财产提存，或者请求提前清偿债务并返还质押财产。

第四百三十三条　因不可归责于质权人的事由可能使质押财产毁损或者价值明显减少，足以危害质权人权利的，质权人有权请求出质人提供相应的担保；出质人不提供的，质权人可以拍卖、变卖质押财产，并与出质人协议将拍卖、变卖所得的价款提前清偿债务或者提存。

第四百三十四条　质权人在质权存续期间，未经出质人同意转质，造成质押财产毁损、灭失的，应当承担赔偿责任。

第四百三十五条　质权人可以放弃质权。债务人以自己的财产出质，质权人放弃该质权的，其他担保人在质权人丧失优先受偿权益的范围内免除担保责任，但是其他担保人承诺仍然提供担保的除外。

第四百三十六条　债务人履行债务或者出质人提前清偿所担保的债权的，质权人应当返还质押财产。

债务人不履行到期债务或者发生当事人约定的实现质权的情形，质权人可以与出质人协议以质押财产折价，也可以就拍卖、变卖质押财产所得的价款优先受偿。

质押财产折价或者变卖的，应当参照市场价格。

第四百三十七条　出质人可以请求质权人在债务履行期限届满后及时行使质权；质权人不行使的，出质人可以请求人民法院拍卖、变卖质押财产。

出质人请求质权人及时行使质权，因质权人怠于行使权利造成出质人损害的，由质权人承担赔偿责任。

第四百三十八条　质押财产折价或者拍卖、变卖后，其价款超过债权数额的部分归出质人所有，不足部分由债务人清偿。

第四百三十九条　出质人与质权人可以协议设立最高额质权。

最高额质权除适用本节有关规定外，参照适用本编第十七章第二节的有关规定。

第二节　权利质权

第四百四十条　债务人或者第三人有权处分的下列权利可以出质：

（一）汇票、本票、支票；

（二）债券、存款单；

（三）仓单、提单；

（四）可以转让的基金份额、股权；

（五）可以转让的注册商标专用权、专利权、著作权等知识产权中的财产权；

（六）现有的以及将有的应收账款；

（七）法律、行政法规规定可以出质的其他财产权利。

第四百四十一条　以汇票、本票、支票、债券、存款单、仓单、提单出质的，质权自权利凭证交付质权人时设立；没有权利凭证的，质权自办理出质登记时设立。法律另有规定的，依照其规定。

第四百四十二条　汇票、本票、支票、债券、存款单、仓单、提单的兑现日期或者提货日期先于主债权到期的，质权人可以兑现或者提货，并与出质人协议将兑现的价款或者提取的货物提前清偿债务或者提存。

第四百四十三条　以基金份额、股权出质的，质权自办理出质登记时设立。

基金份额、股权出质后，不得转让，但是出质人与质权人协商同意的除外。出质人转让基金份额、股权所得的价款，应当向质权人提前清偿债务或者提存。

第四百四十四条　以注册商标专用权、专利权、著作权等知识产权中的财产权出质的，质权自办理出质登记时设立。

知识产权中的财产权出质后，出质人不得转让或者许可他人使用，但是出质人与质权人协商同意的除外。出质人转让或者许可他人使用出质的知识产权中的财产权所得的价款，应当向质权人提前清偿债务或者提存。

第四百四十五条　以应收账款出质的，质权自办理出质登记时设立。

应收账款出质后，不得转让，但是出质人与质权人协商同意的除外。出质人转让应收账款所得的价款，应当向质权人提前清偿债务或者提存。

第四百四十六条　权利质权除适用本节规定外，适用本章第一节的有关规定。

第十九章　留置权

第四百四十七条　债务人不履行到期债务，债权人可以留置已经合法占有的债务人的动产，并有权就该动产优先受偿。

前款规定的债权人为留置权人，占有的动产为留置财产。

第四百四十八条　债权人留置的动产，应当与债权属于同一法律关系，但是企业之间留置的除外。

第四百四十九条　法律规定或者当事人约定不得留置的动产，不得留置。

第四百五十条　留置财产为可分物的，留置财产的价值应当相当于债务的金额。

第四百五十一条　留置权人负有妥善保管留置财产的义务；因保管不善致使留置财产毁损、灭失的，应当承担赔偿责任。

第四百五十二条　留置权人有权收取留置财产的孳息。

前款规定的孳息应当先充抵收取孳息的费用。

第四百五十三条　留置权人与债务人应当约定留置财产后的债务履行期限；没有约定或者约定不明确的，留置权人应当给债务人六十日以上履行债务的期限，但是鲜活易腐等不易保管的动产除外。债务人逾期未履行的，留置权人可以与债务人协议以留置财产折价，也可以就拍卖、变卖留置财产所得的价款优先受偿。

留置财产折价或者变卖的，应当参照市场价格。

第四百五十四条　债务人可以请求留置权人在债务履行期限届满后行使留置权；留置权人不行使的，债务人可以请求人民法院拍卖、变卖留置财产。

第四百五十五条　留置财产折价或者拍卖、变卖后，其价款超过债权数额的部分归债务人所有，不足部分由债务人清偿。

第四百五十六条　同一动产上已经设立抵押权或者质权，该动产又被留置的，留置权人优先受偿。

第四百五十七条　留置权人对留置财产丧失占有或者留置权人接受债务人另行提供担保的，留置权消灭。

第五分编　占　有

第二十章　占　有

第四百五十八条　基于合同关系等产生的占有，有关不动产或者动产的使用、收益、违约责任等，按照合同约定；合同没有约定或者约定不明确的，依照有关法律规定。

第四百五十九条　占有人因使用占有的不动产或者动产，致使该不动产或者动产受到损害的，恶意占有人应当承担赔偿责任。

第四百六十条　不动产或者动产被占有人占有的，权利人可以请求返还原物及其孳息；但是，应当支付善意占有人因维护该不动产或者动产支出的必要费用。

第四百六十一条　占有的不动产或者动产毁损、灭失，该不动产或者动产的权利人请求赔偿的，占有人应当将因毁损、灭失取得的保险金、赔偿金或者补偿金等返还给权利人；权利人的损害未得到足够弥补的，恶意占有人还应当赔偿损失。

第四百六十二条　占有的不动产或者动产被侵占的，占有人有权请求返还原物；对妨害占有的行为，占有人有权请求排除妨害或者消除危险；因侵占或者妨害造成损害的，占有人有权依法请求损害赔偿。

占有人返还原物的请求权，自侵占发生之日起一年内未行使的，该请求权消灭。

不动产登记暂行条例（2019 修正）

发文机关：国务院

发文日期：2019 年 03 月 24 日

时效性：现行有效

发文字号：国务院令 710 号

施行日期：2019 年 03 月 24 日

第一章　总　则

第一条　为整合不动产登记职责，规范登记行为，方便群众申请登记，保护权利人合法权益，根据《中华人民共和国物权法》等法律，制定本条例。

第二条　本条例所称不动产登记，是指不动产登记机构依法将不动产权利归属和其他法定事项记载于不动产登记簿的行为。

本条例所称不动产，是指土地、海域以及房屋、林木等定着物。

第三条　不动产首次登记、变更登记、转移登记、注销登记、更正登记、异议登记、预告登记、查封登记等，适用本条例。

第四条　国家实行不动产统一登记制度。

不动产登记遵循严格管理、稳定连续、方便群众的原则。

不动产权利人已经依法享有的不动产权利，不因登记机构和登记程序的改变而受到影响。

第五条　下列不动产权利，依照本条例的规定办理登记：

（一）集体土地所有权；

（二）房屋等建筑物、构筑物所有权；

（三）森林、林木所有权；

（四）耕地、林地、草地等土地承包经营权；

（五）建设用地使用权；

（六）宅基地使用权；

（七）海域使用权；

（八）地役权；

（九）抵押权；

（十）法律规定需要登记的其他不动产权利。

第六条　国务院国土资源主管部门负责指导、监督全国不动产登记工作。

县级以上地方人民政府应当确定一个部门为本行政区域的不动产登记机构，负责不动产登记工作，并接受上级人民政府不动产登记主管部门的指导、监督。

第七条　不动产登记由不动产所在地的县级人民政府不动产登记机构办理；直辖市、设区的市人民政府可以确定本级不动产登记机构统一办理所属各区的不动产登记。

跨县级行政区域的不动产登记，由所跨县级行政区域的不动产登记机构分别办理。不能分别办理的，由所跨县级行政区域的不动产登记机构协商办理；协商不成的，由共同的上一级人民政府不动产登记主管部门指定办理。

国务院确定的重点国有林区的森林、林木和林地，国务院批准项目用海、用岛，中央国家机关使用的国有土地等不动产登记，由国务院国土资源主管部门会同有关部门规定。

第二章　不动产登记簿

第八条　不动产以不动产单元为基本单位进行登记。不动产单元具有唯一编码。

不动产登记机构应当按照国务院国土资源主管部门的规定设立统一的不动产登记簿。

不动产登记簿应当记载以下事项：

（一）不动产的坐落、界址、空间界限、面积、用途等自然状况；

（二）不动产权利的主体、类型、内容、来源、期限、权利变化等权属状况；

（三）涉及不动产权利限制、提示的事项；

（四）其他相关事项。

第九条　不动产登记簿应当采用电子介质，暂不具备条件的，可以采用纸质介质。不动产登记机构应当明确不动产登记簿唯一、合法的介质形式。

不动产登记簿采用电子介质的，应当定期进行异地备份，并具有唯一、确定的纸质转化形式。

第十条　不动产登记机构应当依法将各类登记事项准确、完整、清晰地记载于不动产登记簿。任何人不得损毁不动产登记簿，除依法予以更正外不得修改登记事项。

第十一条　不动产登记工作人员应当具备与不动产登记工作相适应的专业知识和业务能力。

不动产登记机构应当加强对不动产登记工作人员的管理和专业技术培训。

第十二条　不动产登记机构应当指定专人负责不动产登记簿的保

管，并建立健全相应的安全责任制度。

采用纸质介质不动产登记簿的，应当配备必要的防盗、防火、防渍、防有害生物等安全保护设施。

采用电子介质不动产登记簿的，应当配备专门的存储设施，并采取信息网络安全防护措施。

第十三条 不动产登记簿由不动产登记机构永久保存。不动产登记簿损毁、灭失的，不动产登记机构应当依据原有登记资料予以重建。

行政区域变更或者不动产登记机构职能调整的，应当及时将不动产登记簿移交相应的不动产登记机构。

第三章 登记程序

第十四条 因买卖、设定抵押权等申请不动产登记的，应当由当事人双方共同申请。

属于下列情形之一的，可以由当事人单方申请：

（一）尚未登记的不动产首次申请登记的；

（二）继承、接受遗赠取得不动产权利的；

（三）人民法院、仲裁委员会生效的法律文书或者人民政府生效的决定等设立、变更、转让、消灭不动产权利的；

（四）权利人姓名、名称或者自然状况发生变化，申请变更登记的；

（五）不动产灭失或者权利人放弃不动产权利，申请注销登记的；

（六）申请更正登记或者异议登记的；

（七）法律、行政法规规定可以由当事人单方申请的其他情形。

第十五条 当事人或者其代理人应当向不动产登记机构申请不动产登记。

不动产登记机构将申请登记事项记载于不动产登记簿前，申请人可以撤回登记申请。

第十六条　申请人应当提交下列材料，并对申请材料的真实性负责：

（一）登记申请书；

（二）申请人、代理人身份证明材料、授权委托书；

（三）相关的不动产权属来源证明材料、登记原因证明文件、不动产权属证书；

（四）不动产界址、空间界限、面积等材料；

（五）与他人利害关系的说明材料；

（六）法律、行政法规以及本条例实施细则规定的其他材料。

不动产登记机构应当在办公场所和门户网站公开申请登记所需材料目录和示范文本等信息。

第十七条　不动产登记机构收到不动产登记申请材料，应当分别按照下列情况办理：

（一）属于登记职责范围，申请材料齐全、符合法定形式，或者申请人按照要求提交全部补正申请材料的，应当受理并书面告知申请人；

（二）申请材料存在可以当场更正的错误的，应当告知申请人当场更正，申请人当场更正后，应当受理并书面告知申请人；

（三）申请材料不齐全或者不符合法定形式的，应当当场书面告知申请人不予受理并一次性告知需要补正的全部内容；

（四）申请登记的不动产不属于本机构登记范围的，应当当场书面告知申请人不予受理并告知申请人向有登记权的机构申请。

不动产登记机构未当场书面告知申请人不予受理的，视为受理。

第十八条　不动产登记机构受理不动产登记申请的，应当按照下列要求进行查验：

（一）不动产界址、空间界限、面积等材料与申请登记的不动产状况是否一致；

（二）有关证明材料、文件与申请登记的内容是否一致；

（三）登记申请是否违反法律、行政法规规定。

第十九条　属于下列情形之一的，不动产登记机构可以对申请登记的不动产进行实地查看：

（一）房屋等建筑物、构筑物所有权首次登记；

（二）在建建筑物抵押权登记；

（三）因不动产灭失导致的注销登记；

（四）不动产登记机构认为需要实地查看的其他情形。

对可能存在权属争议，或者可能涉及他人利害关系的登记申请，不动产登记机构可以向申请人、利害关系人或者有关单位进行调查。

不动产登记机构进行实地查看或者调查时，申请人、被调查人应当予以配合。

第二十条　不动产登记机构应当自受理登记申请之日起 30 个工作日内办结不动产登记手续，法律另有规定的除外。

第二十一条　登记事项自记载于不动产登记簿时完成登记。

不动产登记机构完成登记，应当依法向申请人核发不动产权属证书或者登记证明。

第二十二条　登记申请有下列情形之一的，不动产登记机构应当不予登记，并书面告知申请人：

（一）违反法律、行政法规规定的；

（二）存在尚未解决的权属争议的；

（三）申请登记的不动产权利超过规定期限的；

（四）法律、行政法规规定不予登记的其他情形。

第四章　登记信息共享与保护

第二十三条　国务院国土资源主管部门应当会同有关部门建立统一的不动产登记信息管理基础平台。

各级不动产登记机构登记的信息应当纳入统一的不动产登记信息管理基础平台，确保国家、省、市、县四级登记信息的实时共享。

第二十四条　不动产登记有关信息与住房城乡建设、农业、林业、海洋等部门审批信息、交易信息等应当实时互通共享。

不动产登记机构能够通过实时互通共享取得的信息，不得要求不动产登记申请人重复提交。

第二十五条　国土资源、公安、民政、财政、税务、工商、金融、审计、统计等部门应当加强不动产登记有关信息互通共享。

第二十六条　不动产登记机构、不动产登记信息共享单位及其工作人员应当对不动产登记信息保密；涉及国家秘密的不动产登记信息，应当依法采取必要的安全保密措施。

第二十七条　权利人、利害关系人可以依法查询、复制不动产登记资料，不动产登记机构应当提供。

有关国家机关可以依照法律、行政法规的规定查询、复制与调查处理事项有关的不动产登记资料。

第二十八条　查询不动产登记资料的单位、个人应当向不动产登记机构说明查询目的，不得将查询获得的不动产登记资料用于其他目的；未经权利人同意，不得泄露查询获得的不动产登记资料。

第五章　法律责任

第二十九条　不动产登记机构登记错误给他人造成损害，或者当事人提供虚假材料申请登记给他人造成损害的，依照《中华人民共和国物权法》的规定承担赔偿责任。

第三十条　不动产登记机构工作人员进行虚假登记，损毁、伪造不动产登记簿，擅自修改登记事项，或者有其他滥用职权、玩忽职守行为的，依法给予处分；给他人造成损害的，依法承担赔偿责任；构成犯罪的，依法追究刑事责任。

第三十一条　伪造、变造不动产权属证书、不动产登记证明，或者买卖、使用伪造、变造的不动产权属证书、不动产登记证明的，由不动产登记机构或者公安机关依法予以收缴；有违法所得的，没收违法所得；给他人造成损害的，依法承担赔偿责任；构成违反治安管理行为的，依法给予治安管理处罚；构成犯罪的，依法追究刑事责任。

第三十二条　不动产登记机构、不动产登记信息共享单位及其工作人员，查询不动产登记资料的单位或者个人违反国家规定，泄露不动产登记资料、登记信息，或者利用不动产登记资料、登记信息进行不正当活动，给他人造成损害的，依法承担赔偿责任；对有关责任人员依法给予处分；有关责任人员构成犯罪的，依法追究刑事责任。

第六章　附　则

第三十三条　本条例施行前依法颁发的各类不动产权属证书和制作的不动产登记簿继续有效。

不动产统一登记过渡期内，农村土地承包经营权的登记按照国家有关规定执行。

第三十四条　本条例实施细则由国务院国土资源主管部门会同有关部门制定。

第三十五条　本条例自 2015 年 3 月 1 日起施行。本条例施行前公布的行政法规有关不动产登记的规定与本条例规定不一致的，以本条例规定为准。

中华人民共和国民事诉讼法（2017 修正）

（无主财产确认与执行异议节选）

（1991 年 4 月 9 日第七届全国人民代表大会第四次会议通过。根据 2007 年 10 月 28 日第十届全国人民代表大会常务委员会第三十次会议《关于修改〈中华人民共和国民事诉讼法〉的决定》第一次修正。根据 2012 年 8 月 31 日第十一届全国人民代表大会常务委员会第二十八次会议《关于修改〈中华人民共和国民事诉讼法〉的决定》第二次修正。根据 2017 年 6 月 27 日第十二届全国人民代表大会常务委员会第二十八次会议《关于修改〈中华人民共和国民事诉讼法〉和〈中华人民共和国行政诉讼法〉的决定》第三次修正）

发文机关：全国人大常委会

发文日期：2017 年 06 月 27 日

时效性：现行有效

发文字号：主席令第 71 号

施行日期：2017 年 07 月 01 日

第一百九十一条　申请认定财产无主，由公民、法人或者其他组织向财产所在地基层人民法院提出。

申请书应当写明财产的种类、数量以及要求认定财产无主的根据。

第一百九十二条　人民法院受理申请后，经审查核实，应当发出财产认领公告。公告满一年无人认领的，判决认定财产无主，收归国家或者集体所有。

第一百九十三条　判决认定财产无主后，原财产所有人或者继承人出现，在民法通则规定的诉讼时效期间可以对财产提出请求，人民法院审查属实后，应当作出新判决，撤销原判决。

第二百二十五条　当事人、利害关系人认为执行行为违反法律规定的，可以向负责执行的人民法院提出书面异议。当事人、利害关系人提出书面异议的，人民法院应当自收到书面异议之日起十五日内审查，理由成立的，裁定撤销或者改正；理由不成立的，裁定驳回。当事人、利害关系人对裁定不服的，可以自裁定送达之日起十日内向上一级人民法院申请复议。

第二百二十七条　执行过程中，案外人对执行标的提出书面异议的，人民法院应当自收到书面异议之日起十五日内审查，理由成立的，裁定中止对该标的的执行；理由不成立的，裁定驳回。案外人、当事人对裁定不服，认为原判决、裁定错误的，依照审判监督程序办理；与原判决、裁定无关的，可以自裁定送达之日起十五日内向人民法院提起诉讼。

住宅专项维修资金管理办法

（资金使用部分节选）

发文机关：财政部

发文日期：2007 年 12 月 04 日

时效性：现行有效

发文字号：建设部、财政部令第 165 号

施行日期：2008 年 02 月 01 日

第三章　使用

第十八条　住宅专项维修资金应当专项用于住宅共用部位、共用设施设备保修期满后的维修和更新、改造，不得挪作他用。

第十九条　住宅专项维修资金的使用，应当遵循方便快捷、公开透明、受益人和负担人相一致的原则。

第二十条　住宅共用部位、共用设施设备的维修和更新、改造费用，按照下列规定分摊：

（一）商品住宅之间或者商品住宅与非住宅之间共用部位、共用设施设备的维修和更新、改造费用，由相关业主按照各自拥有物业建筑面积的比例分摊。

（二）售后公有住房之间共用部位、共用设施设备的维修和更新、

改造费用，由相关业主和公有住房售房单位按照所交存住宅专项维修资金的比例分摊；其中，应由业主承担的，再由相关业主按照各自拥有物业建筑面积的比例分摊。

（三）售后公有住房与商品住宅或者非住宅之间共用部位、共用设施设备的维修和更新、改造费用，先按照建筑面积比例分摊到各相关物业。其中，售后公有住房应分摊的费用，再由相关业主和公有住房售房单位按照所交存住宅专项维修资金的比例分摊。

第二十一条　住宅共用部位、共用设施设备维修和更新、改造，涉及尚未售出的商品住宅、非住宅或者公有住房的，开发建设单位或者公有住房单位应当按照尚未售出商品住宅或者公有住房的建筑面积，分摊维修和更新、改造费用。

第二十二条　住宅专项维修资金划转业主大会管理前，需要使用住宅专项维修资金的，按照以下程序办理：

（一）物业服务企业根据维修和更新、改造项目提出使用建议；没有物业服务企业的，由相关业主提出使用建议；

（二）住宅专项维修资金列支范围内专有部分占建筑物总面积三分之二以上的业主且占总人数三分之二以上的业主讨论通过使用建议；

（三）物业服务企业或者相关业主组织实施使用方案；

（四）物业服务企业或者相关业主持有关材料，向所在地直辖市、市、县人民政府建设（房地产）主管部门申请列支；其中，动用公有住房住宅专项维修资金的，向负责管理公有住房住宅专项维修资金的部门申请列支；

（五）直辖市、市、县人民政府建设（房地产）主管部门或者负责管理公有住房住宅专项维修资金的部门审核同意后，向专户管理银行发出划转住宅专项维修资金的通知；

（六）专户管理银行将所需住宅专项维修资金划转至维修单位。

第二十三条　住宅专项维修资金划转业主大会管理后，需要使用住宅专项维修资金的，按照以下程序办理：

（一）物业服务企业提出使用方案，使用方案应当包括拟维修和更新、改造的项目、费用预算、列支范围、发生危及房屋安全等紧急情况以及其他需临时使用住宅专项维修资金的情况的处置办法等；

（二）业主大会依法通过使用方案；

（三）物业服务企业组织实施使用方案；

（四）物业服务企业持有关材料向业主委员会提出列支住宅专项维修资金；其中，动用公有住房住宅专项维修资金的，向负责管理公有住房住宅专项维修资金的部门申请列支；

（五）业主委员会依据使用方案审核同意，并报直辖市、市、县人民政府建设（房地产）主管部门备案；动用公有住房住宅专项维修资金的，经负责管理公有住房住宅专项维修资金的部门审核同意；直辖市、市、县人民政府建设（房地产）主管部门或者负责管理公有住房住宅专项维修资金的部门发现不符合有关法律、法规、规章和使用方案的，应当责令改正；

（六）业主委员会、负责管理公有住房住宅专项维修资金的部门向专户管理银行发出划转住宅专项维修资金的通知；

（七）专户管理银行将所需住宅专项维修资金划转至维修单位。

第二十四条　发生危及房屋安全等紧急情况，需要立即对住宅共用部位、共用设施设备进行维修和更新、改造的，按照以下规定列支住宅专项维修资金：

（一）住宅专项维修资金划转业主大会管理前，按照本办法第二十二条第四项、第五项、第六项的规定办理；

（二）住宅专项维修资金划转业主大会管理后，按照本办法第二十三条第四项、第五项、第六项和第七项的规定办理。

发生前款情况后，未按规定实施维修和更新、改造的，直辖市、市、县人民政府建设（房地产）主管部门可以组织代修，维修费用从相关业主住宅专项维修资金分户账中列支；其中，涉及已售公有住房的，还应当从公有住房住宅专项维修资金中列支。

第二十五条　下列费用不得从住宅专项维修资金中列支：

（一）依法应当由建设单位或者施工单位承担的住宅共用部位、共用设施设备维修、更新和改造费用；

（二）依法应当由相关单位承担的供水、供电、供气、供热、通讯、有线电视等管线和设施设备的维修、养护费用；

（三）应当由当事人承担的因人为损坏住宅共用部位、共用设施设备所需的修复费用；

（四）根据物业服务合同约定，应当由物业服务企业承担的住宅共用部位、共用设施设备的维修和养护费用。

第二十六条　在保证住宅专项维修资金正常使用的前提下，可以按照国家有关规定将住宅专项维修资金用于购买国债。

利用住宅专项维修资金购买国债，应当在银行间债券市场或者商业银行柜台市场购买一级市场新发行的国债，并持有到期。

利用业主交存的住宅专项维修资金购买国债的，应当经业主大会同意；未成立业主大会的，应当经专有部分占建筑物总面积三分之二以上的业主且占总人数三分之二以上业主同意。

利用从公有住房售房款中提取的住宅专项维修资金购买国债的，应当根据售房单位的财政隶属关系，报经同级财政部门同意。

禁止利用住宅专项维修资金从事国债回购、委托理财业务或者将购买的国债用于质押、抵押等担保行为。

第二十七条　下列资金应当转入住宅专项维修资金滚存使用：

（一）住宅专项维修资金的存储利息；

（二）利用住宅专项维修资金购买国债的增值收益；

（三）利用住宅共用部位、共用设施设备进行经营的，业主所得收益，但业主大会另有决定的除外；

（四）住宅共用设施设备报废后回收的残值。